Trois ans en Allemagne

Usages — Mœurs — Coutumes

Études sociales, administratives et militaires

Interviews

PAR

C. BENEDETTI

PARIS

Henri **DARAGON**, Editeur

10, Rue Notre-Dame-de-Lorette

Trois ans

en Allemagne

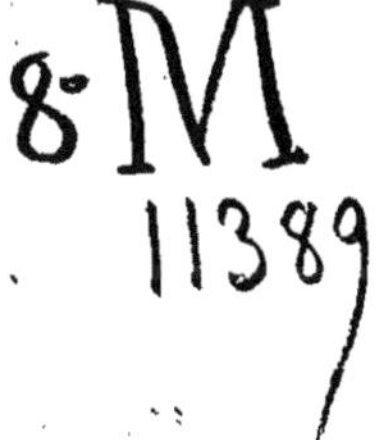

DU MÊME AUTEUR :

HISTORIA DE COLUMBIA

Lima 1887. — 1 vol. in-8 de 961 pages

(SEGUNDA-ÉDICION)

LA LIBERTAD A LA FUERZA

1 vol. in-18

EL INSTRUCTOR DE LA FRANC-MASONERIA

1 vol. in-18

CRONICA EUROPEA

1 vol. in-18

Trois ans
en Allemagne

Usages — Mœurs — Coutumes
Études sociales, administratives et militaires
Interviews

PAR

C. BENEDETTI

PARIS

Henri DARAGON, Editeur
10, Rue Notre-Dame-de-Lorette

TROIS ANS EN ALLEMAGNE

CHAPITRE PREMIER

EN ROUTE POUR L'ALLEMAGNE. — A BERLIN !

C'était fini. Je n'avais plus rien à faire en France. Je devais partir; mais ce n'était pas encore temps de retourner au Nouveau-Monde. Où aller d'abord ? En Angleterre ou en Allemagne ? Ce fut décidé, d'accord avec l'ordre de mon gouvernement, que nous partirions pour l'Allemagne, *via* l'Angleterre, comme on écrit sur des lettres qu'on met à la poste.

La Compagnie générale Transatlantique fait un service très régulier entre Saint-Nazaire et New-Haven. Nous prîmes le meilleur bateau de cette compagnie allant pour l'Angleterre, *La Corse*. C'était un vieux bateau du service de la Méditerranée, mais très confortable encore.

Le capitaine de *La Corse*, M. Sylvestre, un vrai loup de mer qui fait honneur à la France, fut enchanté de nous avoir à son bord. Il n'avait jamais de passagers. Sa table était toujours triste et silencieuse. Personne n'y était pour causer avec lui.

Nous fîmes un bon voyage, ayant eu une bonne traversée. La mer jusqu'à New-Haven nous fut exceptionnellement clémente, chose peu fréquente dans la Manche au commencement de l'hiver.

C'était un dimanche, le jour de notre arrivée à New-Haven et en Angleterre le dimanche est un jour de repos. La douane était fermée ; on ne pouvait pas inspectioner nos bagages.

Nous profitâmes de ce fait pour visiter New-Haven. À peine avions-nous fait quelques pas dans l'intérieur de la ville, que nous trouvâmes un petit établissement que vous pouvez appeler hôtel-café-restaurant-buvette, très confortable et où l'on est à son aise.

Sur la porte de cet établissement il y a une grande inscription en lettres d'or. J'y lus en anglais :

« Patronized by His Majesty King Louis Philipe I of France in 1848 ».

Ce qui veut dire en français :

« Patroné par Sa Majesté le Roi Louis-Philippe Iⁱ de France en 1848 ».

— Comment, demandais-je à la demoiselle de service, comment se fait-il que le roi Louis-Philippe ait patroné votre maison ?

— « On a fait une révolution à Paris, nous a répondu la demoiselle, et le duc d'Orléans est devenu roi de France. Après éclata une autre révolution et on proclama là-bas la République. Le roi Louis-Philippe fut obligé de quitter la France et de venir en Angleterre. Il débarqua à New-Haven. Il était très fatigué. À sa descente à terre, il vint chez nous pour s'y reposer. Ce fut ma grand-mère, jeune à ce temps-là comme moi aujourd'hui, qui lui servit à boire et à manger. Et vous, monsieur, vous venez habiter l'Angleterre avec votre famille ?

— Oui, mais pour quelque temps seulement.

— Vous prendrez le chemin de fer pour Londres?

— Demain, peut-être ; mais pas pour Londres directement. Nous ferons un grand tour, *via* Southampton, pour arriver à Londres.

— Alors je vais vous donner un bon conseil. Ne voyagez jamais en chemin de fer, en Angleterre, seul avec une femme anglaise dans un même compartiment.

— Et pourquoi ? s'il vous plait, mademoiselle.

— La femme anglaise est très nerveuse, surtout si elle n'est pas jolie. Elle peut voir en vous un assassin, un voleur ou bien un séducteur. Et après, elle peut aussi faire arrêter le train et dire beaucoup de méchancetés contre vous. On nous a fait une odieuse renommée à cause de faits pareils.

Nous rimes beaucoup de ce conseil et après une longue promenade à travers New-Haven, nous retournâmes à bord de *La Corse*. Ma fillette nous avait devancés. Elle m'avait dit :

— Papa, je vais vous devancer pour prévenir Marengo de notre retour et pour jouer un peu avec le chat du capitaine, avant le dîner. Le chat est si mignon !

Mais quelques moments après, je vois avec étonnement que ma fillette revint et de loin me cria :

— Papa, il n'y a plus d'eau. Le bateau est échoué ; **il n'y a plus moyen d'aller à bord de *La Corse*.**

Je ne pouvais que rire de ces paroles ; mais ma fillette avait dit presque la vérité. La marée au port de New Haven est extraordinaire. Elle monte ou descend de vingt pieds. A notre entrée au port, la marée était pleine. Six heures plus tard, au moment de notre retour de la promenade, c'était le cas contraire. Le bateau avait descendu de vingt pieds. On avait besoin d'une longue échelle pour monter au quai ou descendre au bateau.

Le jour suivant nous quittâmes *La Corse* avec regret. Sa cuisine était si bonne ! Et c'étaient les derniers repas à la française ! Nous allions entrer dans le régime des *beeffsteaks* et des *roastbeeffs* aux pommes de terre à l'anglaise.

Je ne dois pas oublier ici le garçon de table de *La Corse*, le phénix des garçons de service. Au moment du départ, mon fils plaça dans sa main quelques francs de pourboire ; mais Marengo, c'était son nom, ne voulut rien recevoir. Nous avons été obligés de mettre le pourboire de Marengo dans la boîte de secours pour les matelots en détresse, joint à l'argent destiné pour cet objet.

Avant notre entrée au port de New-Haven, le capitaine de *La Corse* m'avait dit en pointant vers l'occident :

— De l'autre côté de New-Haven, il y a une grande ville de plaisance.

C'était Brighton.

Nous prîmes le chemin de fer pour Brighton. C'est une ville continentale, avec des grandes maisons comme on en fait sur le continent. Elle est toujours pleine de monde. Elle est bonne comme station d'été et comme station d'hiver. En été pour les bains de mer et en hiver pour sa température moins froide que celle de Londres.

Tout ce qui vaut la peine d'être vu à Brighton, c'est son grand aquarium et The West Pier (la jetée de l'Ouest) qui a 1200 pieds de long. Ce grand aquarium est le plus vaste qui soit établi dans le Royaume-Uni de la Grande Bretagne et Irlande.

Après deux jours passés à Brighton, nous avons continué notre route pour Southampton, le grand port commercial du sud de l'Angleterre.

A notre descente du train, je fus fort étonné de voir tous les murs de la gare couverts de petites annonces presque pareilles. C'étaient des offres de récompences pour la délivrance des valises perdues.

A la même gare il y a un bureau pour le service des objets perdus ; mais si vous allez là pour quelque affaire, on ne trouve qu'un garçon pour vous rire au nez. C'est ce qui donne à penser que ce garçon est peut être le capitaine de la bande de voleurs de valises à la gare de Southampthon Docks.

Le dimanche suivant fut un grand jour de fête pour mes enfants. Il y avait dans la plus belle promenade de Southampton, appelée *The Avenue* (L'Avenue), une grande procession d'hommes et de femmes avec la musique militaire en tête. C'était *The Salvation Army* (L'Armée du salut). C'était très curieux à voir.

A Southampton, comme dans presque toutes les villes importantes de l'Angleterre, il y a une église protestante française. Les anglaises y vont pour apprendre le français. J'ai demandé **à M. Bellet,**

le pasteur de *Saint-Julien*, c'est le nom de l'église protestante française de Southampton, son opinion sur
l'Armée du Salut. Voilà ce qu'il m'a dit :

Le protestantisme de même que le catholicisme
est un peu aristocratique comparativement avec
l'Armée du Salut. Celle-ci va jusqu'au plus bas de
la société. Elle prend là des sujets que le protestantisme et le catholicisme sont impuissants à régé-
nérer. Avez-vous vu dans la *Bedford Place* (Rue de
Bedford), une des plus centrales rues de la ville, une
enseigne avec cette inscription :

> *Teresa Foss*
> *Licenced to sell Beer,*
> *To be Drunk on the premises*
> *And*
> *Dealer on tobacco.*

Ce que veut dire en français :

> *Thérèse Foss*
> *Paie l'impôt pour vendre de la bière,*
> *S'enivrer dans l'établissement*
> *et*
> *Débiter du tabac.*

Et bien, le protestantisme et le catholicisme
ne pénètrent pas chez Mme Thérèse Foss ; mais
l'Armée du Salut y va, prend l'ivrogne et souvent le
régénéra. On devait avoir l'Armée du Salut en France.
Elle y aura de la besogne à faire. On ne doit pas rire
de l'Armée du Salut.

C'est à Southampton que j'ai entendu pour la première fois l'hymne royal anglais, *God save the Queen*.
Ce fut à la fin d'une représentation de théâtre et je

ne connaissais pas encore la musique de cet hymne.

Ayant demandé à un voisin anglais ce que jouait l'orchestre du théâtre, à ma grande surprise il me dit :

— C'est l'hymne royal, *go away* (allez-vous-en).

— Pourquoi dois-je m'en aller ? demandais-je encore à mon voisin.

— Vous n'avez pas bien compris, reprit l'Anglais. C'est l'hymne royal qui s'appelle : Allez-vous-en.

— Comment l'hymne royal s'appelle allez-vous-en? On m'a dit que son nom était *God save the Queen*.

Mon voisin se mit à rire,

— Oui, c'est vrai, me dit-il, le nom de notre hymne royal est *God save the Queen* ; mais c'est le nom officiel. Son nom populaire est : *Allez vous-en*. Ce n'est pas notre reine qui doit s'en aller ; c'est le public qui doit s'en aller après que toute représentation est finie et comme on joue l'hymne royal à la fin de toute représentation dans le Royaume-Uni de la plus Grande-Bretagne et Irlande, voilà pourquoi notre hymne royal s'appelle : Allez-vous-en.

Notre séjour à Southampton et à Londres a été un peu long ; mais à Londres nous avons pris le train pour Harwich, sur la mer du Nord.

Il y avait dans notre train un tout jeune homme anglais qui en route eut besoin de descendre dans une gare pour aller quelque part. Il se trompa de chemin et au lieu de prendre du côté réservé aux *gentlemen* (hommes), il pénétra dans le compartiment des *ladies* (femmes). Quelques instants après il sortit en fuyant. Une nerveuse anglaise marchait derrière lui, un petit balai à la main.

— Insolent ! criait elle, comment osez-vous pénétrer ici ? Ces hommes n'ont plus de pudeur ! Je vais appeler un *policeman* (sergent de ville), pour vous faire sortir !

C'était inutile. Le jeune écolier avait disparu de l'autre côté de la gare ; mais la nerveuse Anglaise criait toujours et tout le monde de rire de tous côtés.

De retour dans le train, on a entendu dire au jeune homme, le héros de cette petite aventure :

— Ça n'a pas été de ma faute. Je me suis trompé de chemin. J'ai pris à gauche au lieu d'aller à droite. Mais une autre fois, je le ferai exprès. C'est très amusant ! L'avez-vous vue cette mère la pudeur avec son petit balai ? Elle a voulu me taper dessus. C'était à qui courrait le plus vite.

Le jeune écolier l'avait échappé belle et si vous voyagez en Angleterre, vous devez prendre garde de ne vous tromper de chemin dans les gares anglaises.

Le port de Harwich a un trafic considérable à cause des paquebots qui partent et arrivent de la Belgique, la Hollande, l'Allemagne, la Suède, la Norvège et la Russie. Ayant pris l'avant-dernier train, nous arrivâmes bien avant le départ du bateau et profitâmes du beau temps pour visiter le port.

Pendant notre visite, un bateau allemand arriva à l'un des quais du port, d'où débarquèrent plusieurs musiciens qui avaient pour tout bagage leurs divers instruments. Quand ces gens eurent tous mis pied à terre, j'entendis un des ouvriers du port dire à côté de nous :

— Voilà le mauvais temps pour demain.

Pris de curiosité, je demandais à l'émule du professeur Falb :

— Comment pouvez vous présager que le temps se mettra au mauvais pour demain ?

— Comment ? me dit-il. Ne savez-vous pas que l'arrivée de ces musiciens allemands, qui demandent l'aumône en Angleterre, est le signal qu'il commencera certainement à tomber de l'eau ? C'est la cause du perpétuel mauvais temps que nous avons en Angleterre. Ces musiciens arrivent toujours, par tous les bateaux.

— Non, dis-je, c'est la première fois que j'entends dire ça et d'ailleurs, je n'ai jamais eu l'occasion de voir ces musiciens allemands. Mais... ah ! oui... c'est vrai. Je comprends maintenant pourquoi en Angleterre on entend toujours de la musique dans la rue quand il pleut.

Ce fut notre premier contact avec les choses d'Allemagne.

A Harwich on prend le bateau pour Hambourg. Ce sont deux nuits et un jour de voyage. On arrive à Hambourg le matin. A bord du bateau on a parlé de l'Allemagne et surtout de Hambourg, le port d'arrivée de notre bateau. On appelait Hambourg une ville féerique, une ville peuplée de nains.

J'ai trouvé Hambourg une ville très agréable pour passer la belle saison, malgré que tous les théâtres font relâche à cette époque de l'année. Hambourg est la seconde ville de l'empire allemand. Elle vient après Berlin. Les deux lacs de Hambourg, le plus bel ornement de la ville, le *Binnen Alster* (l'Alster intérieur) et l'*Aussen Alster* (l'Alster extérieur), sont magnifi-

1.

ques. La nuit, Hambourg offre l'aspect d'une ville
en fête ; on peut dire d'une fête vénitienne, féérique.
Les bateaux qui sillonnent les deux Alsters et les innombrables wagons de tramways électriques qui
traversent presque toutes les rues de la ville, illumi-
nées à profusion avec des brillantes lanternes aux
verres multicolores, donnent à Hambourg une vue
de fête nocturne perpétuelle.

A Hambourg, j'ai trouvé effectivement beaucoup
de nains, mais pas en nombre suffisant pour donner
à la localité le nom de ville de nains comme on avait
raconté à bord du bateau de Harwich.

Le Consul d'Espagne à Altona, Don Ramon de
Satorres, chargé du Consulat général du Pérou, per-
sonne très aimable et spirituelle, nous avait reçus à
Hambourg, sur le quai. J'ai donc demandé à mon
bon ami le Consul d'Espagne, pourquoi on appelait
Hambourg la ville des nains. Voici la réponse :

— Il n'y a pas longtemps que les rues de Hambourg étaient encombrées de nains. C'est vrai ; on
ne pouvait presque y marcher ; et à cause de ceci on
appela Hambourg la ville des nains.

— Mais où sont-ils ? Que sont-ils devenus ? Je n'en
vois que quelques-uns.

— Voilà ce qui arriva. Un Américain de Chicago,
un vrai homme d'affaires, est venu dans notre ville.
Il a vu que les rues de Hambourg étaient pleines de
nains et il a eu une bonne idée, une idée tout à fait
yankee. Il a organisé une grande *Strasseneisenbahnak-
tiengesellschaft* (compagnie de tramways par actions)
et a placé des rails dans presque toutes les rues de
la ville.

— Oui, je sais, ce sont les tramvays électriques,

— Pas électriques.

— Comment les tramways de Hambourg ne sont-ils pas électriques ?

— Pas du tout. L'Américain de Chicago a embauché tous les nains d'Hambourg. Il les a placés sur les fils de fer que vous voyez au-dessus des wagons et ce sont les nains, courant sur ces fils de fer, qui, au moyen d'un long levier font marcher les wagons sur les rails. Si le conducteur veut arrêter son wagon, il n'a qu'à enlever le levier des mains des nains. Vous ne voyez pas les nains ? Pas possible de les voir. Ils sont si petits et les fils de fer sont placés si haut ! Mais les nains sont toujours là pour courir sur les fils de fer et faire marcher les wagons.

A Hambourg mes nouveaux amis allemands m'ont donné beaucoup de bons conseils. La première chose qu'ils m'ont dite a été sur l'Empereur Guillaume II.

— Ne parlez jamais de l'Empereur Guillaume II, m'ont-ils dit. Il y a beaucoup d'espions en Allemagne et principalement à Hambourg, payés par le gouvernement impérial. Hambourg est une ville libre, souveraine et républicaine. Il n'y a que trois de ces villes dans l'empire allemand, Hambourg, Lubeck et Bremen. On se méfit beaucoup de vous à Berlin. Si on vous entend dire quelque chose sur notre Empereur, vous pouvez être sûr d'être poursuivi pour le délit de *Magestäts-Beleidigung* (Lèse Majesté).

Il y aura toujours quelqu'un auprès de vous pour raconter des choses vraies ou fausses, car nous avons aussi le dénonciateur allemand, c'est-à-dire le *mouchard* français, pas un professionnel de la police. Ce dénonciateur est toujours un allemand, homme ou femme, qui a, dans la vie, une situation comme beaucoup de gens, commerçant, industriel, employé. C'est un marchand de vin, c'est un gérant de café, c'est un garçon de restaurant, c'est un commis de magasin, c'est un domestique ; c'est un être qu'on coudoie, que l'on salue, à qui l'on serre la main, sans le connaître ; qui n'a pas de traitement fixe payé par la police ; mais qui est alléché par l'appât d'apparaître agréable au tout puissant empereur...

On m'a recommandé aussi à Hambourg de n'aller jamais en Prusse, la vie en Prusse étant très chère à cause des contributions et impôts à payer à l'empereur Guillaume II. A Hambourg il n'y a presque pas d'impôts ou contributions à payer. On a à Hambourg une source intarissable de revenus. C'est la *Stadt-Lotterie* (Loterie de la ville) de la *Freie und Hanse Stadt Hamburg* (ville libre et anséatique de Hambourg).

Le premier dimanche que nous avons passé à Hambourg, a été le dimanche de la Pentecôte. Nous étions en train de nous mettre à table pour déjeûner, quand on frappa à la porte. C'étaient des amis qui venaient nous chercher pour aller déjeûner en Prusse.

— Comment déjeûner en Prusse ? demandais-je à mes amis. Ce serait un voyage très long et il est trop tard. Ce serait mieux de déjeûner ici à l'hôtel, avec nous.

— Pas du tout. Nous prendrons le tramway tout à l'heure et dans dix minutes nous serons en Prusse.

— Est-il possible ?

— Ne connaissez-vous pas encore Wandsbeck ?

— Oui, un des faubourgs de Hambourg.

— Vous vous trompez. Wandsbeck n'est pas un faubourg de Hambourg. Wandsbeck appartient à la Prusse. C'était danois comme Altona ; mais la Prusse les a pris au Danemark.

— Comment, Altona n'est pas un faubourg de Hambourg ?

— Non, Altona est une ville qui n'a rien à faire avec Hambourg. Les deux villes sont si unies que vous trouvez des maisons dont la moitié dépend de la municipalité de Hambourg et l'autre moitié de la municipalité d'Altona. C'est tout.

— Est-il vrai ?

— Oui, et les voisins des deux villes trouvent le fait très amusant. Un garçon de recettes vient pour toucher des impôts à payer à la ville de Hambourg. Le contribuable s'exécute ; il croit en avoir fini avec les garçons de recettes et les impôts à payer ; mais on sonne de nouveau. Voilà un autre garçon de recettes qui vient pour toucher les impôts à payer à la ville d'Altona. On ne voit de ces choses qu'en Allemagne. C'est très curieux, n'est-ce pas ?

— C'est bien drôle ce que vous me racontez.

— Oh! il y a des choses encore plus drôles en Allemagne. Ces maisons mitoyennes, sises à cheval, avec un pied en Altona et l'autre pied en Hambourg, sont très recherchées par les personnes qui ont maille à partir avec la justice. Si c'est un commissaire de police d'Altona qui va leur rendre visite, on les trouve du côté hambourgeois de la maison où le commissaire de police n'a plus de juridiction. Si c'est un commissaire de police de Hambourg qui sonne à leur porte, on peut lui dire :

— Allez-vous en ! Nous sommes en Prusse ; nous n'avons rien à voir qu'avec Sa Majesté l'empereur Guillaume II. Allez-vous en !

Il faut aller chez ces messieurs avec deux commissaires de police. Un d'Altona et l'autre de Hambourg.

— Et pourquoi ne fait-on pas une seule ville de Hambourg et d'Altona ?

— Ce n'est pas possible. Altona appartient à la Prusse. C'est vrai que la Prusse a voulu donner la ville d'Altona à Hambourg, mais en échange de Cuxhaven, qui est une propriété de Hambourg. Les Hambourgeois n'ont pas voulu accepter la proposition, parce que Cuxhaven, au pouvoir des Prussiens, deviendrait un port commercial très important. La décadence de Hambourg s'ensuivrait.

— Oui, je comprends. C'est la même chose, la même affaire de Bordeaux et Pauillac ; de Nantes et Saint-Nazaire et des autres ports similaires en France.

— C'est ça. Et après, si on fait d'Altona et d'Hambourg une seule ville, ce n'est plus alors l'Allemagne. Si vous allez à Berlin, vous trouverez que Berlin et Charlottenbourg sont dans la même condition que Altona et Hambourg. On ne sait pas où finit Charlottenbourg et où commence Berlin. Chaque ville a son maire, son conseil municipal et son budget et est complètement indépendante de l'autre. Pas possible l'union des deux villes.

J'étais édifié ; mais je me rappelais l'invitation à déjeûner en Prusse et je dis à mes amis.

— Donc, nous allons déjeûner en Prusse ? Ce sera une grosse dépense à faire. On dit que la vie est très chère en Prusse.

— Pas de grosse dépense à faire. Nous apportons avec nous notre déjeûner dans des paniers. Nous allons déjeûner sur l'herbe, dans le *Wandsbecker Park* (le Parc de Wandsbeck).

— Et l'octroi ?

— Vous trouverez beaucoup de choses très mauvaises en Allemagne ; mais on ne se paie pas ici le luxe d'avoir des octrois comme en France. Qu'ils sont odieux ces octrois français ! Je suis allé de Paris à Nantes. A la gare de la Bourse de cette ville, il y avait un mulâtre employé de l'octroi. Il m'a fait ouvrir toutes mes malles et les a toutes fouillées. Je me rappelle très bien. J'étais allé à Nantes pour voir le carnaval, les grandes cavalcades qu'on fait dans la vieille capitale de la Bretagne.

— Et le mulâtre a fait tout ça pour vous ennuyer, parce qu'il savait que vous êtes allemand ?

— Non. A l'hôtel on m'a dit que c'était parce que je suis poil de carotte. Le mulâtre ne pouvait souffrir les poils de carotte !. . (Historique).

Nous partîmes pour notre déjeûner. Ce fut un voyage de dix minutes. Le parc de Wandsbeck était plein de monde. On déjeûnait dans tous les endroits. Presque toutes les femmes étaient en blanc.

Tous les ans les Hambourgeois déjeûnent au parc de Wandsbeck, le jour de la Pentecôte. Ce sont des déjeûners sur l'herbe comme on en fait tant en France.

Voilà un autre des conseils qu'on m'a donné à Hambourg.

— Si vous avez besoin, m'a t-on dit, d'acheter quelque chose, il faut ôter votre chapeau chez le marchand...

— Comment, si je vais chez un épicier, il faut ôter mon chapeau ?

— Oui, chez l'épicier et chez le marchand de quatre saisons et chez tout boutiquier. Le peuple français pense que la France est une vieille nation de politesse légendaire et de civilisation raffinée ; mais les Allemands sont quelque fois plus polis que les Français. En Allemagne on ne va pas dans une épicerie sans ôter son chapeau.

Ne pensez pas que ces conseils sont de la plaisanterie. En Allemagne on doit ôter son chapeau dans tous les magasins. Si on ne le fait pas, on est remarqué et on commence à bavarder sur votre compte.

— Celui-là doit être un étranger. Ça se connaît. Il n'a pas la politesse allemande.

On m'a dit aussi en Allemagne, que ce sont les juifs qui ont imposé la politesse d'ôter son chapeau dans toutes les boutiques. A la synagogue on ne doit pas ôter son chapeau, c'est la maison de Dieu. Rester couvert dans une boutique, c'est prendre le magasin pour la synagogue. On ajoute que c'est la vraie raison de la politesse allemande d'ôter son couvre-chef dans les boutiques. Les juifs allemands sont si nombreux qu'ils établissent dans ce pays les façons de se conduire en société.

J'étais bien renseigné. Avec ces conseils je pouvais voyager dans toute l'Allemagne. Ne souffler mot sur l'Empereur Guillaume II et ôter mon chapeau dans tous les établissements. Pour la vie à bon marché, je ne devais pas venir en Prusse. Mais Berlin est en Prusse et parcourir l'Allemagne sans visiter Berlin, n'était pas possible.

Hambourg pendant l'hiver est affreux. Ses promenades pleines de tilleuls sont désertes. Les deux lacs sont pris par la glace. La navigation des petits bateaux y est suspendue et Hambourg sans lacs n'est rien. Donc, malgré l'avis des Hambourgeois, la belle saison étant finie à Hambourg, nous prîmes le train pour Berlin.

Berlin vient du mot allemand *Baer* ou *Bär*, ours, selon la vieille ou nouvelle orthographe. On donnait ce nom de Berlin au lieu ou on bâtit la ville, car c'était un grand repaire d'ours. Ainsi les armes de Berlin représentent un ours et on voit des ours dans les jardins, des ours dans les parcs, des ours dans les fontaines, des ours sur les portails, des ours sur les murs, des ours dans les feux d'artifices, des ours dans tous les endroits de la ville et des ours à la tête des journaux berlinois.

La première fois que l'histoire fait mention de Berlin, c'est à la moitié du XIIe siècle. Il y avait deux petits villages sur le bord de la Sprée, appelés Cöln et Berlin, comme Buda et Pest dont on a fait Budapest. Le nom de Cöln apparaît pour la première fois dans un document de 1238 et celui de Berlin dans un autre à la date de 1244. L'union des deux villages s'accomplit en 1307, sous le nom de Berlin et de ce fait les deux villages devinrent la première ville de la contrée après Brandenbourg, la résidence des Margraves (*Mark*, marche, *graf*, comte).

Après la guerre de Trente Ans, la population de Berlin avait été réduite à six mille habitants ; mais en 1688 elle était de dix huit-mille. Paris était alors, sous Louis XIV, une grande ville de 500.000 habitants. Ce sont les émigrants français qui on fait l'agrandissement de Berlin à cette époque. L'extrémité de la ville, il y a deux siècles, était la *Dorotheen Strasse* (La rue de Dorothée) et les émigrants français se sont établis dans les *Behren* et *Französische Strassen* (Rues de Behren et des Français).

Au temps de Frédéric II, on bâtit le *Französische Dom* (l'Eglise française), pour les émigrants français et le *Französisches Gymnasium* (le Collège français) où on donne une instruction française classique.

Le premier journal de Berlin qui eu pour nom *Wöchentliche Avisen* (Les Avis hebdomadaires), fut publié en 1659 et dans la même année fut ouverte la première boutique de librairie.

Le premier chemin de fer de Berlin à Potsdam, fut ouvert aussi à la circulation en 1838.

En 1701 Frédéric III devenu roi sous le nom de Frédéric Ier, fit de Berlin la capitale de son nouveau royaume, qui est devenue la capitale de l'empire Allemand en 1871, cent-soixante-dix ans plus tard. En 1861, lorsque Guillaume Ier hérita de la couronne de Prusse, Berlin avait seulement 500.000 habitants ; mais aujourd'hui, Berlin, avec ses environs, a la même population que Paris.

Et Berlin grandit toujours. Ce qu'on appelle à Berlin le *Ringbahn* (Le chemin de fer de ceinture) a été fait pour une ville de cinq millions d'habitants. Ce chemin de fer traverse encore de grands lieux déserts. Charlottenbourg uni à Berlin, a aujourd'hui 180 mille habitants. En 1865 Charlottenbourg n'avait que 12.431 habitants ; et Charlottenbourg c'est Berlin.

Hors de Berlin on entend toujours parler de la belle promenade appelée *Unter den Linden* (Sous les tilleuls). On dit que ce sont les Champs-Elysées de Berlin. Rien d'étonnant que la première sortie que fait l'étranger à Berlin soit pour aller voir les *Unter den Linden*.

Vraiment on s'étonne de voir *Unter den Linden*. Les rues à Berlin, comme à Charlottenbourg, sont très propres, plus propres qu'à Paris. Pourquoi *Unter den Linten* est-il aussi sale ? Le pavage est affreux. La municipalité n'y tient aucun compte. Les arbres qu'on y trouve, ne sont pas des tilleuls. Ce sont de vieux arbres fort disgracieux. Pour voir de beaux tilleuls on doit se rendre à la belle promenade appelée *Kurfürstendamm* (Chaussée de l'Electeur) qui commence à la *Kaiser Wilhelm Gedächtniss Kirche* (Eglise commémorative de l'empereur Guillaume) et finit à Halensee, au Grunewald (Forêt verte).

Plus étonnants encore que la saleté de *Unter den Linden* sont les trottoirs des nouvelles rues de Berlin et Charlottenbourg. Ils sont plus larges que la chaussée. On demande pourquoi les nouveaux trottoirs

sont aussi larges et les gens de Berlin et Charlottenbourg d'y répondre :

— Les gens de Berlin et Charlottenbourg sont
terribles. Méfiez-vous-en. Les municipalités des deux
villes se sont vues forcées de faire des trottoirs aussi
larges que possible pour avoir la paix. Oh ! c'était
impossible de vivre ici C'était partout la guerre perpétuelle. Maintenant nous sommes un peu tranquil-
les. On peut marcher et être à son aise. Cependant,
méfiez-vous, prenez-y garde.

— Et quelle méfiance voulez-vous que j'aie ? Quel
mal peut-on me faire à Berlin ? A quoi dois-je prendre garde, à quoi, s'il vous plaît ?

— A quoi ? Aux querelles.

— Aux querelles ? A quelles querelles ? Que voulez-vous dire ?

— Vous ne savez donc pas ? Les querelles des trottoirs. Il y en a toujours chez nous. Les étrangers à
Berlin et à Charlottenbourg sont toujours victimes
de ces querelles. Ils ne connaissent pas les mœurs
allemandes. L'Allemagne est la terre des querelles.

— Est-ce que dans ces querelles des trottoirs, on
court le risque à Berlin de se faire pocher un œil ou
enfoncer une côte ?

— Oh, non ! Les Allemands ne se battent pas dans
la rue. Ils se querellent, c'est tout. Hors de ces querelles, la vie pour l'étranger est très agréable chez
nous. C'est vrai que vous courez le risque de visiter
par force un commissariat de police ; mais, la plupart des fois.... vous allez rire de ce qu'on va vous
dire. Les Allemands après avoir épuisé tous les mots

dénigrants dans leurs querelles, finissent par s'appeler en français :

— Mauvais sujet ! Mauvais sujet !

C'est de l'argot berlinois. De même que le têtard devient grenouille et la grenouille tourne en crapaud, l'insulte est plus offensante selon l'intonation de la voix. Après avoir dit ces mots français, il n'y a rien de plus blessant ; la querelle est finie ; on tourne le dos et chacun suit son chemin.

Voilà des renseignements qu'on ne m'a pas donné à Hambourg. C'est bon d'être informé. A Berlin on se voit tourner le dos après avoir été appelé *mauvais sujet*, ou on doit, par force, aller visiter un commissariat de police. C'est bon à retenir pour les gens qui visitent la capitale de l'empire allemand.

CHAPITRE II

FÜRST BISMARCK

1815-1898

Un fidèle serviteur de l'empereur Guillaume Ier.

Aussitôt que je suis arrivé à Hambourg, j'ai demandé des nouvelles du prince de Bismarck, que j'avais grande envie de voir et me proposais de lui demander une entrevue.

— Vous voulez dire Fürst Bismarck ? m'a-t-on répondu.

— Fürst Bismarck ? Qui est-ce que ça ? Je veux dire le prince de Bismarck, celui qui a été le premier chancelier de l'empire allemand.

— Oh ! celui-ci n'est pas prince ; il est *Fürst* seulement.

— Comment ? J'ai toujours lu dans les journaux anglais, français, espagnols et italiens, le prince de Bismarck et vous dites maintenant qu'il n'est que *Fürst*.

— C'est que vos langues modernes sont très pauvres en mots. Notre langue allemande est plus riche en vocables. Nous avons les mots *Prinz* et *Fürst*. Pour nous, *Prinz* est celui qui est né d'un roi ou a du sang royal. *Fürst* est un titre comme celui de duc, mar-

quis, comte, etc. Il vient après celui de duc. Vous
devez comprendre qu'on a pu faire un *Fürst* de M. de
Bismarck ; mais il est impossible de le convertir en
Prinz, de lui donner du sang royal. Votre traduction
française pour les mots allemands *Prinz* et *Fürst* est
la même, prince. Vous êtes très pauvres en mots
dans votre jolie langue française.

J'ai remercié pour cette première leçon d'allemand
et j'ai continué mes investigations.

— Est-ce facile de voir le Fürst Bismarck?

— Cela dépend. Si vous ne voulez que le voir,
c'est très facile. Vous n'avez autre chose à faire
qu'aller à Friedrichsruhe. Tous les jours, s'il n'est
pas malade, le Fürst Bismarck se promène dans son
parc, pendant toute la matinée ou dans l'après-midi,
selon le bon ou le mauvais temps. Vous pouvez le
voir là, de loin. Friedrichsruhe n'est pas loin de
Hambourg.

Le reste de son temps le Fürst Bismarck l'emploie
à lire des romans français ; il les fait venir exprès
de Paris, par gros paquets, et il demande toujours
d'envoyer les romans les plus bêtes, ceux qui racontent de ces bêtises dont seuls les Français sont ca-
pables d'en concevoir.

Si vous désirez lui parler et être reçu par lui, c'est
très difficile. Le Fürst Bismarck est presque toujours
de mauvaise humeur ; il ne veut recevoir personne
depuis qu'il a quitté le pouvoir. S'il fait quelque exception, c'est seulement pour ses anciens amis ou
pour quelqu'un qu'il sait de noble famille ou qui a
des lettres d'introduction pour lui.

— Bien, je tâcherai d'avoir quelque chose comme il faut pour être reçu par votre Fürst Bismarck.

— S'il vous reçoit, si vous allez chez lui, ne lui parlez pas de l'empereur actuel et surtout de M. de Caprivi. Il se mettrait tout de suite en colère. Votre nom historique fera sur lui quelqu'impression. Il sera tout surpris d'abord de votre demande ; il croira, peut-être, que vous êtes un des fils du célèbre ambassadeur de Napoléon III et ce sera bon de lui faire savoir que vous n'êtes pas Français.

J'avais avec moi mon passeport, visé par l'ambassadeur allemand à Paris, pour traverser l'Alsace-Lorraine, me rendant à Vienne, comme délégué de mon pays au Congrès Postal Universel de 1891.

Ces délégués ont le caractère d'envoyés extraordinaires et ministres plénipotentiaires et sont reçus par les chefs d'État.

J'envoyai donc ce passeport au Fürst Bismarck, en lui demandant d'être reçu par lui. Ayant obtenu une réponse favorable, je me rendis à Friedrichsruhe, où j'arrivai à trois heures de l'après-midi.

Le Fürst Bismarck faisait sa promenade habituelle dans son parc. On me conduisit auprès de lui.

— Est-ce vous Monsieur de Benedetti ? me demanda-t-il.

Je fis une inclination de tête pour toute réponse.

— Je pense que ce n'est pas la première fois que je me suis occupé de vous.

— Vous me flattez, Monsieur.

— Pas du tout. Aussitôt que je suis arrivé au

pouvoir, j'ai donné l'ordre de me faire remettre tous les journaux dont il était question de moi. Je voulais être renseigné de l'opinion des Allemands à mon égard.

Justement un jour où je me trouvais en tête à tête avec le comte Benedetti, on m'apporta un journal. A la place marquée au crayon rouge, je lis le nom *Benedetti* et je passai à l'ambassadeur de Napoléon III le dit journal, lui demandant s'il connaissait ce M. de Benedetti dont il était question. C'était au sujet d'un banquet donné en Colombie. Vous rappelez-vous ce fait ?

— Oui, je me le rappelle très bien. J'étais gouverneur de Barranquilla, une des plus importantes provinces de la Colombie. Un navire de guerre allemand arriva à Sabanilla, le port de mer de Barranquilla. Le commandant et ses officiers furent très bien reçus par la colonie allemande de Barranquilla. On donna un grand banquet en leur honneur.

Le consul allemand offrit le banquet et porta le premier toast à la santé du Président de la République de Colombie et de son premier ministre. C'était mon devoir comme gouverneur, de répondre à ce toast et j'ai bu à la santé de Sa Majesté le Roi de Prusse et de son premier ministre le comte de Bismarck. On a envoyé la relation de ce banquet au journal de Hambourg, *Die Hamburger Nachrichten*, où vous l'avez lue.

—Avez-vous des relations de famille avec le comte Benedetti ? Je crois qu'il m'a dit que non.

— La famille du comte Benedetti est d'origine corse. La mienne est d'origine napolitaine. Charles III était vice-roi de Naples lorsqu'il hérita de la couronne d'Espagne. A son départ pour Madrid, il amena avec lui plusieurs chevaliers napolitains, dont un était le comte de Benedetti. Un de ses descendants, espagnol, fut mon grand-père, haut employé du gouvernement de Madrid, comme ministre des douanes en Colombie.

— Donc, vous êtes d'une famille noble ?

— Il n'y a pas de nobles dans notre République. C'est défendu par la loi et par l'esprit américain. Si quelqu'un portait un titre de noblesse dans notre pays, ce serait pour faire rire tout le monde.

Après ce dialogue, le Fürst Bismarck, avec une physionomie plus souriante, changea la conversation. La petite histoire de la noblesse de ma famille, l'avait mis de bonne humeur.

— Vous avez voulu me voir.., me dit-il.

— Oui, je voudrais vous poser une question. On a fait la proclamation de l'empire allemand à Versailles. Ne pouvait-on la faire à Berlin, avant la guerre, en évitant celle-ci avec la France ? Était-elle nécessaire cette guerre pour fonder l'empire allemand ? Ne pouvait-on se passer de cette guerre odieuse et néfaste pour l'Europe ?

— Non, la guerre était nécessaire. On ne pouvait faire l'empire allemand sans que la France soit vaincue. Napoléon III n'y aurait jamais consenti. Et après, il nous fallait l'Alsace-Lorraine, la réintégration de tous les peuples allemands. C'était une terre d'empire. Je n'ai pas de haine pour les Français. On a fait la guerre simplement par besoin. Vous devez savoir que j'ai toujours dit : « Lorsque

la France et l'Allemagne seront unies, elles seront
maîtresses du monde ».

Oui, je me suis dit, c'est vrai ce que dit le Fürst
Bismarck ; le jour où la France et l'Allemagne seront
unies, elles seront maîtresses du monde. Mais comme
le Fürst Bismarck n'aime pas que le monde ait un
maître, il a divisé l'Allemagne et la France, peut-
être pour toujours. Et je repris le dialogue avec ces
mots.

— Et si vous eussiez permis à Napoléon III de
prendre la Belgique et le Luxembourg, n'aurait-il
pas consenti à la proclamation de l'empire allemand ?

— Non, il n'aurait pas non plus consenti à cette
proclamation. Et s'il l'avait voulu, la France s'y
serait opposée.

Les Français ont fait leur révolution. Cette révolution a proclamé le principe des nationalités ;
c'est-à-dire du droit pour tous les peuples de disposer d'eux-mêmes, de choisir, de voter leur nationalité ; mais la politique de là-bas a toujours été de
faire de l'Allemagne une pépinière de nations.

— Vous venez de dire tout à l'heure, qu'il vous
fallait la réintégration de tous les peuples allemands.
J'ai connu à Paris beaucoup de Polonais qui désirent aussi la réintégration de l'ancienne Pologne.

— C'est tout à fait une autre question. On peut
désirer aussi la réintégration de l'empire de Charle-
magne, de l'empire romain, de l'empire des Pha-
raons. Le démembrement de la Pologne frappe notre
attention, parce qu'il est un fait de notre époque.
C'est un fait accompli et la grande faute de Napo-

léon Ier. Pourquoi n'a-t-il pas rétabli le royaume de Pologne en 1812 au lieu de marcher sur Moscou? Il avait encore des frères pour en faire des rois.

— Mais il est temps encore. On a fait l'union de l'Allemagne et celle de l'Italie ; la résurrection de la Grèce et celle de la Hongrie...

— Oui, c'est vrai ; mais les Polonais sont divisés. Ne savez-vous pas que les Polonais-Autrichiens sont très contents et ne désirent pas l'union de la Pologne? C'est la lutte religieuse qui amena la ruine de ce pays et l'élection de leurs rois. On n'élit pas un roi comme on élit un président de République.

— Ne pensez-vous pas que si Napoléon Ier avait rétabli le royaume de Pologne, ç'aurait été la ruine de l'Allemagne?

— Non, il avait fait la Confédération du Rhin. C'était l'union de l'Allemagne. C'était la ruine pour l'Autriche et la Prusse ; mais pas pour l'Allemagne. Napoléon Ier était en même temps un homme d'État et un guerrier. Le guerrier, le coureur de victoires l'emporta en lui et il marcha sur Moscou, à sa ruine.

— Une seconde et dernière question. Que pensez-vous de la paix d'Europe?

— Qu'il n'y aura pas de paix jusqu'au jour où toutes les petites nations européennes auront disparu.

— Et comment fera-t-on cette disparition?

— Très facilement. L'Espagne s'alliant avec le Portugal. La France prendra la Belgique et le Luxembourg, rendant la Corse à l'Italie, qui annexera Monaco pour en finir avec Monte-Carlo. La

Hollande et le Danemark seront pour nous et l'Islande pour l'Angleterre. Ces bons Anglais n'en mourront pas de faim. Ils auront beaucoup de poissons à prendre dans la mer d'Islande.

— Et que ferez-vous avec le reste des petites nationalités ?

— On enverra le Sultan rouge en Asie et avec les États balkaniques on constituera un grand empire avec Constantinople comme capitale.

— Et la Suisse ?

— La Suisse sera et restera un champ neutre, le district fédéral des États Unis d'Europe.

Le Fürst Bismarck a un peu ri après cette boutade et a changé une autre fois de conversation.

— Il fait chaud, a-t-il dit. Rentrons. Vous avez bu à ma santé et je suis votre débiteur.

Nous rentrâmes. Le Fürst Bismarck demanda du champagne frappé. Il m'en offrit et me pria de boire en buvant lui-même à ma santé. Après il m'interrogea.

— Fait-il très chaud dans votre pays ? Avez vous lus les voyages du baron de Humboldt dans la Colombie ? Il raconte qu'après déjeûner, à midi, se balançant dans son hamac, avec un cigare à la bouche, il rêvait être au paradis des immortels. Connaissez-vous l'anecdote d'Alexandre Dumas à propos d'un Anglais et d'un Français ?

— Oui. Un Français dit à un Anglais : « Si je n'était Français, je voudrais être Anglais » ; mais l'Anglais répond :

« Si je n'étais pas Anglais, je voudrais être Anglais ».

2.

— Et bien, je dis comme le Français : Si je n'étais pas Bismarck, je voudrais avoir été le baron de Humboldt. Je voudrais avoir voyagé comme lui dans l'Amérique espagnole. Est-ce vrai que dans votre pays on mange des couleuvres ?

— De même que les Allemands pour déjeûner prennent des côtelettes d'ours.

— Mais elles sont très bonnes les côtelettes d'ours ! On les mange en Russie avec du caviar d'Alaska.

C'est toujours comme ça. Ce n'est pas chez nous qu'on mange des côtelettes d'ours. C'est chez le voisin.

— Et que pensez-vous de l'empereur Napoléon III demandais-je au Fürst Bismarck, à brûle pourpoint.

— Napoléon III, dit-il en riant, c'était un rêveur, un fumeur de cigarettes, justement comme le diadoque de Grèce

— Napoléon III était un rêveur, un fumeur de cigarettes ? Qu'est-ce que vous voulez dire ? Ça ne se comprend pas.

— C'est très facile à comprendre. Un rêveur, un fumeur de cigarettes est celui qui passe la plupart de son temps à rouler et fumer des cigarettes. C'est un fainéant. Napoléon III avant Sedan, pendant Sedan et après Sedan n'a fait autre chose que rouler et fumer des cigarettes. Donnez-moi des hommes qui fument la pipe, une fois par jour, après leur travail fini. Ce sont des hommes comme il faut.

— Ce n'est pas en roulant et fumant des cigarettes qu'on devient empereur des Français. Il faut être homme de talent pour arriver à un tel point.

— Il n'y a pas d'homme de talent. C'est la réussite, le succès, l'issue heureuse ou malheureuse de nos efforts qui fait tout. On me prend pour un homme de talent. C'est que j'ai réussi. Si je n'avais pas réussi, alors... je serais comme Napoléon III, un rêveur, un fumeur de cigarettes. Pour fumer des cigarettes il n'a pas bien tenu son balancier et il est tombé de la corde. Est-ce vrai que chez vous on fait un général avec un décret, sans qu'on ait jamais été militaire ?

— Oui, c'est vrai ; mais que voulez-vous ? Ici, en Allemagne, on fait un colonel de la reine d'Angleterre et un amiral du roi des Belges. Et on ne rit pas, et on le prend au sérieux, car on dit qu'on paie solde à la reine d'Angleterre comme colonel de l'armée allemande.

L'entretien était très amusant ; mais ne pouvant rester très longtemps à Friedrichsruhe, je me permis avant de partir, d'offrir au Fürst Bismarck un exemplaire de mon « Historia de Colombia ». Il me remercia en ajoutant :

— C'est dommage que je ne puis la lire. Je ne sais de l'espagnol que le mot *español* ; mais elle servira pour orner ma bibliothèque.

Je m'aperçus malgré la gaîté du Fürst Bismarck, que le moment de partir était arrivé. Donc, je dis adieu au vieux chancelier de l'empire allemand et peu de temps après j'étais de retour à Hambourg.

On ne doit pas être surpris de cette entrevue avec le Fürst Bismarck. Quant le chancelier de fer consentait à recevoir quelqu'un, c'est qu'il se portait bien et voulait se distraire dans sa solitude de Friedrichsruhe.

Pendant ma courte visite à Friedrichsruhe, je trouvais que le Fürst Bismarck avait très mauvaise mine ; qu'il était bien près de la fin de sa vie. Bien que nous soyons dans le mois de juin, il avait un grand chapeau de feutre, une longue redingote, un gros bâton à la main et un grand chien danois auprès de lui.

C'est ainsi qu'on le voyait toujours depuis qu'il avait quitté le pouvoir et c'est sous ce costume qu'on lui a élevé une statue tout près de Berlin, à l'entrée du Grunewald (Forêt verte), le bois de Boulogne des berlinois.

Cette statue est l'œuvre des particuliers. La statue officielle du Fürst Bismarck sera érigée à Berlin en face du *Reichstag*, le 1er avril 1901. Cette statue aura des dimensions colossales, soit six mètres cinquante de hauteur. Toute la partie supérieure du corps sera d'une seule pièce et mesurera cinq mètres. La tête, haute d'un mètre sera vide. Cependant la tête du Fürst Bismarck n'était pas vide.

La chute du pouvoir a-t-elle accéléré la mort du Fürst Bismarck ? Aurait-il vécu longtemps encore s'il était resté au pouvoir comme chancelier de l'Empire fondé par lui, avec son intelligence ou sa ruse ? Je n'en sais rien. Tout ce que je puis dire, c'est que treize mois après ma visite a Friedrichsruhe, le Fürst Bismarck était mort.

C'est un dimanche que la nouvelle de son décès se répandit à Berlin. Le grand journal, le *Berliner Lokal Anzeiger*, publia ce jour-là, à cause de ce funèbre événement, un supplément extraordinaire, encadré en noir, qui fut répandu gratis par milliers d'exemplaires.

A mon grand étonnement, toute la population de
Berlin et des environs resta muette sans faire la
moindre manifestation de douleur ou de tristesse,
exception faite des drapeaux mis en berne dans les
édifices publics et dans les grands hôtels et magasins
en guise de réclame.

Ce fut seulement quelques jours après qu'on fit à
Charlottenbourg, à l'église Commémorative de l'Empereur Guillaume (*Kaiser-Wilhelm-Gedächtnisskirche*),
un service funèbre en l'honneur du vrai fondateur
de l'empire allemand, qui resta froid comme tous les
actes officiels qu'on ordonna d'après le protocole.

La presse allemande s'occupa beaucoup du décès du chancelier de fer ; on y mena grand bruit
pour quelques jours ; on y fit grand feu de paille.
Les journalistes sont toujours à la recherche de faits
sensationnels pour écrire de longs articles destinés à
remplir les colonnes de leurs journaux, dont quelquefois on ne lit que les titres en gros caractères.
Sentent-ils ce qu'ils expriment ?

J'ai demandé à plusieurs personnes, allemands et
allemandes, leur opinion concernant le Fürst Bismarck. Leurs réponses n'ont pas toujours été les
mêmes. Si j'interrogeais, par exemple, un prolétaire,
un pauvre homme ou une pauvre femme, de ceux
qui sont obligés de gagner leur pain en travaillant,
la réponse a été presque toujours :

— Pauvres Français ! On les a volés, massacrés !
Et nous, qu'y avons-nous gagné ? Rien ! Nous sommes
aussi pauvres qu'avant la guerre. Tout ce qu'on a
pris là-bas, en France, a été pour l'empereur, Bismarck et les militaires. L'Allemagne est très pauvre.

Nous voudrions partir pour l'Amérique, la terre promise où on est libre, mais nous n'avons pas d'argent.

Si la réponse était d'un propriétaire, d'un de ceux qui gagnent beaucoup d'argent avec l'agrandissement si considérable de Berlin, elle avait eu un autre sens.

— Oh ! Bismarck a été un grand homme ! Voyez comme Berlin a grandi ; regardez le *Stadt und Ring bahn* (chemin de fer qui entoure et traverse la ville), il a coûté quatre-vingt millions de marks (cent millions de francs). Regardez aussi le *Reichstags-Gebaude* (le palais du parlement impérial) avec sa grandiose coupole dorée et la *Siegessäule* (colonne de la Gloire). Tout ça c'est beau et c'est au Fürst Bismarck que nous devons ces magnificences.

Une fois, j'ai demandé à mon propriétaire, M. Volkmann, un gros jardinier qui ne sait ni lire ni écrire, mais enrichi avec le produit de la vente de ses terrains pour les nouvelles maisons de Berlin, si ces choses magnifiques ont été faites avec l'argent français; mais sans se mettre en colère, il m'a répondu :

— Les Français sont très méchants pour dire ça. Ce n'est pas avec l'argent français que nous avons fait l'agrandissement de Berlin, c'est avec l'argent allemand. L'argent français que nous avons reçu, nous le gardons. C'est un prisonnier de guerre ; *reichsgeld* (de l'argent de l'empire). Vous pouvez le voir, il est bien gardé à Spandau, pas très loin d'ici.

On dit cela parce que après la guerre de 1870-1871 et pendant seulement le règne de l'empereur Guillaume Ier on a bâti à Berlin :

La Bourse (*Börse*).

L'Hôtel de ville (*Rathhaus*).

Les gares centrales des chemins de fer d'Ãnhalt, de Potsdam et de la rue de Fédéric.

La colonne des Victoires (*Die Siegessäule*).

La Banque Impériale (*Reichsbanh*).

Le Palais de la Poste impériale (*Reichs-Postamt*).

Les Halles centrales (six en nombre).

La Place du Roi (*Königsplatz*).

Le chemin de fer élevé de ceinture qui traverse la ville (*Ringbahn und Stadtbahn*).

L'Ecole Polytechnique (*Technische Hochschule*).

Le Musée Ethnographique (*Muséum für Völker-kunde*).

Le Musée de l'Industrie(*Das Kunstgerverbe-Muséum*).

Les monuments de Schiller et de Gœthe.

Les statues de la reine Louise et du Baron de Stein.

La statue équestre de Fédéric Guillaume III.

Le Palais Législatif (*Das Reichstagsgebäude*) et (*l'Abgeordneten-Haus*) la Chambre des députés ou palais de la Diète du royaume de Prusse, ont été finis le premier en 1894 et le deuxième en 1899.

L'Allemagne n'est pas l'enfant prodigue ; on a très bien dépensé son argent.

La réponse des fonctionnaires, des militaires vous la devinez.

— Le Fürst Bismarck est un grand homme. Son œuvre est supérieure à celle de Napoléon Ier. Son empire lui a survécu et vivra longtemps encore, malgré la haine française.

Ceux-ci ne font pas attention à l'esprit de liberté qui porta Napoléon Ier à travers l'Europe et encore moins aux conséquences aussi funestes de la guerre avec la France.

L'œuvre du Fürst Bismarck fut faite en peu de temps, très rapidement. En 1861, le futur empereur Guillaume Ier monta sur le trône de Prusse. En 1862, M. de Bismarck fut nommé son premier ministre avec les deux portefeuilles de la maison du roi et des affaires étrangères.

Devenu bientôt tout puissant, il envahit le Danemark, en 1864, et, deux ans plus tard, il fit la guerre à l'Autriche. Le traité de paix qu'il signa alors, marqua le début de l'hégémonie prussienne et incorpora le royaume de Hanovre en même temps que les duchés de Schleswig-Holstein.

Depuis il signa avec les Etats de la Confédération Germanique, la Bavière, le Würtemberg, le Bade, des traités d'alliance offensive et défensive, qui assurent en cas de guerre, le commandement supérieur des armes au roi de Prusse.

En 1867 il organisa la Confédération de l'Allemagne du Nord et il fut nommé chancelier de la nouvelle confédération des vingt-deux Etats et président du Conseil fédéral.

Continuant son œuvre de l'agglomération allemande, il obtint en 1868 des Etats du Sud, restés étrangers à la Confédération, que ses représentants viendront au moins siéger au parlement douanier (*Zollverein*), destiné à s'occuper des affaires commerciales de toute l'Allemagne. C'est alors qu'il fut nommé membre héréditaire de la Chambre des seigneurs.

Survint finalement la grande guerre avec la

France, en 1870, pendant laquelle on proclama l'empire allemand à Versailles, en 1871. En même temps qu'on créait l'empire, on donnait à M. de Bismarck le titre de Fürst, comme on lui avait donné celui de comte à l'occasion de l'organisation de la Confédération de l'Allemagne du Nord. Celui de duc de Lauenbourg il ne l'obtint qu'en 1890, comme une fiche de consolation, après sa chute du pouvoir, pour voyager incognito, selon l'expression du même M. de Bismarck.

On croit généralement en Allemagne que le Fürst Bismarck avait le pouvoir du magnétisme sur le vieil empereur Guillaume Ier, et je le crois bien. Avant d'être roi de Prusse, l'Empereur Guillaume Ier avait combattu contre ceux qui avaient voulu faire l'union de l'Allemagne. Devenu roi, il la fit à feu et à sang, d'après les conseils de M. de Bismarck. Mais qu'elle différence ! L'union de l'Allemagne qu'il combattait jadis, était l'union libérale. Celle qu'il a faite, c'est l'union militaire.

D'après une légende qu'on raconte en Allemagne, ce n'est pas M. de Bismarck qui a poussé le roi Guillaume de Prusse à faire l'union de l'Allemagne en prenant revanche de la France ; ce serait sa mère, la reine Louise.

On dit que Guillaume Ier avait adopté le bluet comme fleur favorite, en souvenir de sa mère, la reine Louise de Prusse. Cette reine fuyait devant les armes de Napoléon Ier, tenant par la main le futur empereur d'Allemagne. Fatiguée, elle s'arrêta au bord de la route et se mit à pleurer. L'enfant pour consoler sa mère, alla cueillir des fleurs ; mais il ne trouva qu'un bluet dans un champ voisin et l'offrit à la reine.

Elle prit la fleur en souriant à travers ses larmes. Revenue au pouvoir, elle voulut avoir tous les ans des bluets et chaque année elle disait à son fils :

— « Souviens-toi ».

Et il s'est souvenu.

L'union militaire faite par l'empereur Guillaume Ier sera-t-elle éternelle comme on le croit en Allemagne ?

Il y a une tradition en France, deux fois accomplie. Si trois frères montent sur le trône de France, une autre dynastie s'ensuivra. Après les règnes des trois frères, François II, Charles IX et Henry III, les Bourbons ont succédé aux Valois. Et après les règnes des trois frères Louis XVI, Louis XVIII et Charles X, les Orléans sont venus depuis les Bourbons.

Il y a aussi une tradition en Allemagne, deux fois accomplie. En Prusse, les Frédérics ou Frédérics-Guillaumes ne dépassent jamais quatre. Après le troisième ou quatrième Frédéric ou Frédéric-Guillaume, il survient un changement radical dans le titre du chef du gouvernement de la Prusse. L'électeur de Brandebourg, Frédéric III, le fils du grand électeur, est devenu roi de Prusse. Il se nomma Frédéric Ier, électeur de Brandebourg et roi *en Boroussia*, aujourd'hui *de Prusse*. Et après Frédéric Guillaume IV, le Guillaume qui lui succéda, à son titre de roi de Prusse, a ajouté celui plus retentissant encore d'empereur allemand.

Qu'adviendra-t-il de l'empire allemand, de l'œuvre

de M. de Bismarck, après le règne de Frédéric IV, le
fils de l'empereur Guillaume II ?

Quel titre ajoutera son successeur à celui d'empereur allemand ? Peut-être celui d'empereur de la
Chine, comme la grand'mère de l'empereur Guillaume II, la reine Victoria, a pris celui d'impératrice des Indes, en plus de son vieux titre de reine
du Royaume-Uni de Grande-Bretagne et d'Irlande.

Ce qui surviendra, personne ne le sait. Personne
non plus ne pouvait savoir que ce chancelier ma-
gnétiseur, le fondateur de l'empire allemand, ne
resterait au pouvoir que jusqu'en 1890. Le petit-fils
de l'empereur Guillaume Iᵉʳ, l'empereur actuel, se
brouilla avec lui à cette époque. Ce furent les fameux
rescrits sur la question sociale qui marquèrent la
brouille de l'empereur Guillaume II avec le Fürst
Bismarck. L'attitude du chancelier à l'égard des
membres de la fameuse conférence internationale
convoquée par l'empereur malgré l'avis contraire
du Fürst Bismarck, pour essayer de résoudre la
question du travail ouvrier, mit le feu aux pou-
dres. Le Fürst Bismarck qui avait prévu que cette
conférence avorterait misérablement et l'avait dé-
conseillée de toutes ses forces, affecta d'ignorer son
existence.

Pour marquer son mécontentement, il n'assista
pas à la séance d'inauguration. La conférence tenait
ses assises dans le même palais du Fürst Bismarck et
ce ne fut pas lui qui en fit les honneurs. Lui, pendant ce temps-là, allait se promener et laissait les
membres de la conférence seuls, en disant:

— Tirez-vous de là comme vous pourrez ; moi, je

m'en lave les mains, je vais me promener et voir si les feuilles poussent déjà aux arbres de Grune-wald.

Ces paroles furent rapportées à l'empereur Guillaume II, et il y eut entre l'empereur et le Fürst Bismarck une terrible explication. Le chancelier usant du moyen qui lui avait jusqu'alors si bien réussi pour imposer sa volonté au vieil empereur Guillaume Ier, déclara qu'il donnerait le lendemain sa démission. Le lendemain la colère de l'empereur aurait passé et le chancelier resterait triomphant ; mais Guillaume II répondit, exaspéré avec le flegme de son chancelier :

— Non pas demain, mais aujourd'hui. (*Morgen nicht, Sondern Heute !*).

Le Fürst Bismarck était pris à son propre piège. Il donna sa démission et se retira dans son château de Friedrichsruhe où il vécut jusqu'à sa mort, en 1898.

Sa mort fut bien triste et passa presque inaperçue à Berlin ; mais s'il était resté au pouvoir jusqu'au dernier jour de sa vie, je suis sûr que toute la population de cette ville aurait marché derrière son corbillard. C'est toujours le vainqueur qui nous semble beau. C'est toujours le tout puissant qu'on honore.

Le Fürst Bismarck faisait remonter l'origine de sa famille aux anciens chefs d'une tribu slave ; mais il naquit en 1815 à Schoenhausen, près de l'Elbe. On raconte que les Bismarck ne furent d'abord que de simples marchands de drap. L'un d'entre eux, Claus, devenu riche, prêta en 1340, une certaine somme d'argent au margrave Louis le Bavarois, qui guerroyait alors contre le duc de Brunswick. En homme avisé, il eut soin de se faire donner comme garantie la douane d'une ville voisine et l'impôt de la ville de Stendal où il résidait.

C'était, du reste, la coutume de ce temps-là, car les nobles, s'ils empruntaient volontiers, ne remboursaient pas. Il jouait là une partie fort risquée ; mais la chance le favorisa. La même année son débiteur défit complètement les forces du duc de Brunswick. Dès lors la fortune des Bismarck parut assurée. Cependant, l'année suivante, le parti conservateur de Stendal, ayant été battu aux élections par les libéraux, Claus, qui en était le chef, fut banni de sa ville natale.

Le margrave, dont l'autorité dans les villes était fort affaiblie, par suite des concessions et des ventes de privilèges, fut contraint d'accepter le fait accompli. Mais pour dédommager Claus de la perte de ses gages et sans doute aussi en reconnaissance d'autres prêts, il lui donna en fief le château de Burgstall et ses dépendances. Le margrave avait, comme chef suprême, le droit de disposer des fiefs vacants. Or, posséder une terre noble, c'était devenir noble soi-même. C'est ainsi que les Bismarck devinrent seigneurs terriens.

Il était réservé au premier chancelier de l'empire allemand, de tirer sa famille de l'obscurité dans laquelle elle avait vécu pendant plusieurs siècles. On sait comment il devint comte et après Fürst et duc, quand son roi fut chef de la Confédération de l'Allemagne du Nord et empereur allemand. On sait aussi comment il tomba du pouvoir.

Il était réservé de même, au Fürst Bismarck de rendre célèbre cette phrase : « La force prime le droit ». Il s'est trompé ; il devait avoir dit :

— *Le droit, c'est la force.*

CHAPITRE III

MM. les anarchistes ont rendu un grand service aux potentats de ce monde, tsars, empereurs,
sultans, rois, présidents de république, premiers
ministres, etc. Ils les ont mis à l'abri des indiscré-
tions du public et surtout des touristes qui veulent à
tout prix avoir des entrevues avec des personnages
haut placés.

Allez à la porte du palais de l'Elysée et demandez
au concierge si M. Emile Loubet (notre roi Emile
Loubet) est visible, s'il veut vous faire l'honneur de
vous recevoir. Le concierge, souriant, vous répondra :

— Certainement : M. le Président est visible ; il
vous recevra tout de suite.

Et au même moment il appuie un de ses doigts, à
la dérobée, sur un bouton électrique. Vous pensez que
c'est pour prévenir M. Emile Loubet qu'il fait jouer
le timbre de l'Etat, vous qui vous êtes aperçu du
mouvement du concierge ? Pas du tout.

Un disque blanc visible seulement pour les *initiés*,
qui surmonte la grande porte du palais de l'Elysée,
se transformera en un disque rouge. Aussitôt un inspecteur de la police de l'Elysée en civil, viendra se

mettre aux ordres du concierge, qui s'empressera de lui dire :

— Voilà un Monsieur qui veut parler à Son Excellence le Président de la République.

— Je l'y conduirai, répliquera l'inspecteur de la police, et prenant le bras du visiteur, ajoutera :

— Venez, Monsieur, pour voir Son Excellence le Président de la République.

Et bras dessus bras dessous, l'inspecteur de la police de l'Elysée amène le curieux au dépôt. Là-bas, après un court ou long interrogatoire, selon le cas, il est déclaré fou et comme tel envoyé à l'infirmerie du dépôt ou anarchiste et alors écroué au nouveau Mazas.

Comme nous sommes loin du temps de saint Louis, à qui tout le monde pouvait parler et à toute heure ! Ce sont des temps passés qui ne reviendront plus.

Si c'est ainsi à Paris, avec un président démocratique, vous comprenez qu'à Berlin, ce n'est pas chose facile de parler à Sa Majesté l'Empereur Guillaume II, un empereur qui se déplace toujours.

Le voir de loin, c'est une autre affaire. L'empereur Guillaume II aime beaucoup à se promener en voiture découverte et il aime encore plus à être admiré par ses fidèles Berlinois. Chaque fois qu'il va sortir, la voiture impériale attend longtemps Sa Majesté à la porte du palais royal et pendant ce long temps la foule se place des deux côtés, tout au long de l'avenue des Unter den Linden (sous les Tilleuls).

L'Empereur sort enfin ; la voiture va au pas et tout le monde peut voir Sa Majesté Impériale. L'Empereur sourit constamment et chaque soixante secondes salue son peuple.

Ce n'était pas assez pour moi de venir à Berlin, d'être trois ans en Allemagne et de ne voir l'empereur seulement qu'en voiture. C'était chose très difficile à souffrir.

Voyant les difficultés de parler à l'Empereur, je pensais qu'il me fallait quitter Berlin sans être reçu par lui, quand le jour où je m'y attendais le moins, je lis dans le *Berliner Lokal Anseiger*, que M. Carlos Calvo, ambassadeur de la République Argentine à Berlin, était promu à la légation argentine à Paris ; et que M. le général Mansilla était nommé à sa place à Berlin.

— Tiens, voilà une bonne idée, dis-je, et voici ce qu'il arriva :

M. Carlos Calvo était une de mes vieilles connaissances ; il avait été mon collègue à Vienne comme délégué de la République Argentine au Congrès postal universel de 1891. Je l'avais retrouvé à Berlin. J'allai le voir et le priai de m'introduire chez son successeur le général Mansilla, petite chose qu'il fit de très bonne grâce.

— Vous devez avoir un attaché militaire, demandais-je au général Marsilla, devenu un ami très promptement.

— Mais non, répliqua-t-il. La République argentine n'est pas assez riche pour se payer le luxe d'avoir des attachés militaires dans toutes ses légations.

— Mais oui, mon général. Je viens de recevoir justement ma nomination au poste d'attaché mili-

taire *ad honorem* de la légation argentine à **Berlin**.
Vous me ferez l'honneur de me présenter en telle
qualité à Sa Majesté l'Empereur d'Allemagne.

Le général Mansilla, homme très intelligent, comprit très bien ce que je voulais dire. Le jour de sa
réception comme ambassadeur de la République
Argentine, il m'emmena avec lui comme son attaché
militaire et me présenta à l'Empereur Guillaume II.
J'endossais mon uniforme de consul général de
Colombie, uniforme pareil à celui de colonel de l'armée colombienne et tout le monde au palais et
l'Empereur lui-même, pensa que j'étais un vrai
colonel de la République Argentine. Ce sont de petits
services très courants dans toutes les légations et il
y en a quelques-unes qui comptent quatre ou cinq
attachés *ad honorem*.

Quand je fis mon entrée au palais impérial,
j'étais un peu embarrassé. Je pensais que l'empereur allait m'interroger, me poser des questions sur
l'armée argentine ; mais après s'être entretenu pendant quelque temps avec l'ambassadeur, l'empereur s'adressa à moi et à mon grand étonnement la
conversation prit un autre train.

— Vous devez avoir fait un long voyage pour
venir jusqu'à Berlin, me dit l'empereur avec un ton
bienveillant et la conversation s'engagea.

— Pas du tout, Sire. Il y a très longtemps que
j'habite Paris.

— Donc, vous devez trouver Berlin très laid.

— Je trouve que Berlin a beaucoup de Paris et
de Londres, de Londres surtout.

— On dit que quand on a vu Paris, on désire vivement y retourner. Vous y retournerez pour l'Exposition ?

— Certainement, c'est très facile pour tout le monde.

— Pour tout le monde ? Croyez-vous ?

Pauvre empereur ! Tout le monde peut aller et voir Paris, excepté lui. Je me suis apitoyé sur ce pauvre empereur et après avoir fait cette réflexion, je lui dis :

— Je suis venu à Berlin pour faire apprendre l'allemand à mes enfants. Je ne me plais pas à Berlin. Je retourne à Paris. J'y amène avec moi un professeur d'allemand. L'ambassadeur allemand à Paris donna un déjeuner auquel mon professeur d'allemand, M. Émile Loubet et moi fûmes invités. Après, M. Émile Loubet invita à dîner l'ambassadeur allemand à Paris et les invités de celui-ci.

Ce fut si vite dit que l'Empereur Guillaume II n'eut pas le temps de m'interrompre ; mais après que j'eus fini, il dit en riant :

— Je vous *engage* à ne pas raconter pour le moment ce que vous venez de dire. Si *Le Figaro* ou quelqu'autre des journaux de Paris qui sont toujours à produire des nouvelles me concernant, entendaient ces choses-là, ils les donneraient pour authentiques avant leur accomplissement et ce n'est pas un inoffensif professeur d'allemand qui aurait déjeuné et dîné avec M. Émile Loubet ; ce serait un dangereux professeur de dessin qui aurait apporté, ensuite, à Berlin, des dessins du Mont-Valérien et de tous les autres forts de Paris.

Après avoir dit cela, l'empereur s'adressa une

autre fois au général Mansilla, terminant son entretien avec moi.

Croyez-vous que l'Empereur Guillaume II, déguisé en professeur d'allemand, ait visité Paris le jour de l'inauguration de notre grande Exposition ?

Pensez-vous qu'il a déjeûné et dîné à Paris avec M. Emile Loubet, président de la République française ?

Croyez-vous qu'il aura fait des dessins à Paris du Mont-Valérien et des autres forts qui entourent la capitale de France ?

Je n'en sais rien. On m'a engagé aussi à ne rien dire. Demandez plutôt au *Figaro,* aux journaux de Paris. Ils doivent le savoir, car voyez ce que dit le *Gaulois* sur la venue incognito de l'empereur Guillaume II pour visiter l'Exposition :

« Nous tenons de la bouche d'Allemands séjournant actuellement à Paris que l'empereur d'Allemagne a déjà visité incognito l'Exposition. Cette visite remonte à quinze jours environ.

L'empereur, arrivé par train de Belgique, se serait fait transporter de grand matin au pavillon allemand, qu'il aurait visité dans tous ses détails.

Le retard de quelques jours apporté à l'ouverture de ce pavillon, aurait été dû à certains changements dont le souverain a eu la pensée et qui ont été exécutés d'après ses instructions formelles.

Le séjour de Guillaume II a été de vingt-quatre heures, selon les uns, de quarante-huit heures selon les autres.

Son incognito a été absolument respecté par ses compatriotes, qui se sont souvenus sans doute qu'ayant été salué par des Prussiens lors de l'Exposition de 1878, alors qu'il n'était cependant que petit-fils d'empereur, il avait manifesté quelque déplaisir d'être reconnu ».

Quinze jours ! Voilà le temps pour des Allemands pour garder un secret.

Pendant la réception de l'ambassadeur argentin, j'eus donc assez de temps pour prendre et garder une bonne impression de la physionomie de l'empereur Guillaume II, car j'eus le loisir de l'examiner tout à mon aise. Les personnes qui ne connaissent l'empereur que par son effigie dans les monnaies d'or et d'argent, n'ont pas une idée exacte de sa figure. Dans ces effigies on le prend pour un beau garçon de 25 ans et l'empereur a maintenant plus de 40 ans.

Par son teint, on dirait qu'il est anémique. C'est le teint allemand ; un teint jaune pâle, très commun principalement sur le littoral de la mer du Nord. Il a une belle taille, une belle apparence malgré la difformité de son bras gauche qu'il cache presque toujours avec une sorte de pardessus avec pèlerine qui porte son nom (Hohenzollern-Mantel). D'ailleurs l'Empereur Guillaume II se montre toujours très aimable avec tout le monde.

A Berlin on prétend même que l'Empereur Guillaume II a bien souvent des réparties très humoristiques.

Pendant la guerre du Transvaal, l'Empereur Guillaume II est allé en Angleterre pour rendre visite à sa grand'mère, la reine Victoria.

Après le grand banquet qu'on a donné en son

honneur au château de Windsor, dont le service en
or a coûté cinquante millions de francs, la reine
d'Angleterre appela l'empereur d'Allemagne à ses
côtés et lui dit :

— Que penses-tu, mon petit manchot, de ces polissons d'Allemands ? Ils font de hideuses caricatures
de ta grand'mère.

L'empereur lui répondit :

— Tu n'as qu'à faire la collection des caricatures
allemandes à toi, *Grossmama*, et à me les remettre.
Je les joindrai à celles que j'ai de toutes les caricatures que l'on a faites de moi en Angleterre depuis la
fameuse dépêche à Paul Krüger que tu sais. Le tout
fera certainement une collection superbe, fort intéressante.

On s'amusait beaucoup à Berlin, dans le monde
de la cour, en racontant cet entretien, après le
retour d'Angleterre de l'Empereur Guillaume II. *Si
non é vero é bien trovato.*

Par tempérament, Guillaume II est enclin aux démonstrations personnelles. Il est facilement reconnu
par la foule qui est très familiarisée avec son
image. A la tête de ses troupes, à la revue, l'empereur s'avance très droit, le regard majestueusement
levé, sans gêne ni raideur, la brise légère agitant
les grands plis de son orgueilleuse pèlerine. Guillaume II sait comment se mettre en scène.

On l'aime beaucoup à Berlin et on raconte dans
cette ville que les jeunes gens, pour Noël ou pour
Pâques, adressent des lettres à l'empereur en lui
demandant des jouets, des soldats de plomb ou des
bonbons.

On m'a fait voir une de ces lettres dont voici la traduction exacte mot à mot.

Berlin, le 24 décembre 1899.

A Sa Majesté l'Empereur Guillaume II.

Mon bien aimé Empereur.

Je serais très content si cette année Votre Majesté si digne, m'envoyait une forteresse avec des canons et des soldats à pied et à cheval.

Je remercie d'avance Votre Majesté pour son cadeau.

Le dévoué serviteur de Votre Majesté.

WALTER BABEY.

Kronenstrasse (Rue de la Couronne), n° 47, à gauche, 4° étage.

On dit aussi à Berlin que l'Empereur Guillaume II envoie quelquefois, en réponses à ces lettres, de très belles étrennes; mais d'autres fois les lettres restent sans que les pauvres enfants reçoivent quelque chose. Mais on dit dans ce cas, que la faute n'est pas à l'empereur; c'est la bêtise de son secrétaire privé, qui jette les lettres au panier sans les lui montrer.

On raconte aussi à Berlin que l'Impératrice est très aimable et que chaque fois qu'elle en a l'opportunité, elle fait des cadeaux.

A l'occasion de l'inauguration de la *Trinitatiskirche* (Église de la Trinité), dans la place de Charles-Auguste, à Charlottenbourg, une des amies et collègues de ma fille, mademoiselle Vally Koepke, ancienne élève à la grande école Rassow, fut désignée pour offrir un beau bouquet de fleurs blanches à Sa Majesté l'Impératrice. Quelques jours après, mademoiselle Koepke reçut de l'impératrice une jolie broche en or émaillé, enrichie de brillants avec la couronne impériale.

C'est comme ça que les souverains d'Allemagne gagnent de la popularité à Berlin. C'est de ces petites attentions que la popularité des chefs d'Etats monarchiques est faite.

A Berlin, pendant ma longue résidence en Allemagne, je me suis toujours rappelé des renseignements qui m'ont été donnés par mes amis de Hambourg, concernant l'empereur allemand, car j'ai très souvent relevé dans les journaux berlinois des nouvelles relatives à des délits d'offense contre Sa Majesté l'Empereur Guillaume II. Quelques-unes de ces nouvelles sont très instructives sur les mœurs allemandes. Celles que je donne ici, je les ai prises dans les journaux de Berlin, le *Berliner Morgen Post* et autres.

Les Allemands aiment beaucoup à faire des *Bierreise*. Le *Bierreise* (voyage de bière), est une promenade à travers la ville, faisant escales dans toutes les brasseries qu'on trouve en route. C'est ce qu'on appelle en France : une journée à courir les cabarets.

Dans l'après-midi du 10 mars de 1899, Karl H..., âgé de 56 ans, un homme à qui on n'a rien eu à reprocher jusqu'ici, qui vit dans de bonnes conditions de fortune et maître tapissier de son état, entreprend un *Bierreise*. Mal lui en prit, car après un procès pour délit de lèse-majesté, la quatrième chambre criminelle de la première Cour de justice de Berlin, condamna l'accusé Karl II... à deux mois de prison.

Voyez les faits.

Karl H..., arrive à la brasserie de **Klingbeil**, dans l'*Alexanderstrasse* (rue d'Alexandre) où il rencontra les musiciens Mischke et Uhlig. Ces **musiciens** arrivent de Südende en chemin pour Nordende (Pankow). Karl II..., vient de Westend en route pour l'Ostend. Justement les quatre points cardinaux. Tous les trois accomplissent un *Bierreise*. Les deux musiciens en amis comme Castor et **Pollux**. Karl II... tout seul. Ils se rencontrent au point d'intersection des deux routes.

Tout le monde aime à bavarder.

Les deux musiciens, cependant, sont un peu pressés. Ils sont en route pour Pankow, ils vont trouver chacun leur Karline et ils chantent :

« Komm' Karlinchen, komm' Karlinchen, komm'.

« Wir wollen nach Pankow geh'n,

« Da ist es*t* wunderschön... »

Viens Charlotte, viens Charlotte, **viens**,

Nous irons à Pankow,

C'est merveilleux là-bas...

Karl II... les interrompt et leur crie :

— Chercheurs de femmes, chercheurs de femmes, toujours des femmes !

— Et pourquoi pas de femmes, demandent les deux musiciens, un peu surpris.

— Parce qu'il nous faut un homme après la mort du vieux Bismarck.

Et Karl II... se mit à raconter son *Bierreise*. Il le fait tout seul, il n'a pas d'ami, mais il porte avec lui une lanterne, il veut comme Diogène chercher son homme et il ne le trouve pas.

— « Qui est Diogène ? » demandent les musiciens ignorant l'histoire du grand philosophe grec et de sa lanterne.

Karl H..., désirant montrer son érudition, commença à raconter alors toute l'histoire de Diogène. Il arriva à la visite que fit Diogène à Alexandre le Grand. Cet empereur se trouva un être inférieur au grand philosophe, de même que tous les empereurs.

— Comment tous les empereurs ? interrompent les musiciens Mischike et Uhlig. Croyez-vous que notre empereur est un être inférieur à votre Diogène à la lanterne ?

— Certainement, répond Karl H...

— Certainement? répètent les deux musiciens. C'est un *Majestätsbeleidigung* (délit de lèse-majesté).

Et les deux musiciens quittent la brasserie, appellent un sergent de ville et le maître tapissier Karl H... est amené au dépôt. Son récit de l'histoire de Diogène, lui a coûté deux mois de prison, malgré les témoignages produits en sa faveur, d'après lesquels Karl H... est un brave et fidèle sujet de sa majesté l'empereur Guillaume II.

Tout près de Potsdam, il y a de petits lacs. C'est la Havel en sa course lente et paresseuse qui forme le *Jungfernsee* (lac des demoiselles) et plusieurs autres, dont on profite pour faire des promenades en bateau. L'empereur Guillaume II, quand il est à Potsdam, ne manque jamais d'aller se promener en bateau dans la Havel ; mais pour passer de la Havel, au *Jungfernsee*, il faut entrer dans un étroit chenal.

Il arriva dans le printemps de 1899, qu'un haut employé de justice demeurant à Potsdam, beau-fils d'un célèbre professeur de Berlin, et amateur de promenades sur eau douce, ayant son bateau ancré près de la station des matelots, au *Schwanenbrücke* (pont des Cygnes), fit une partie en bateau au même temps que l'empereur.

Le bateau de Guillaume II aborda le chenal pour passer dans le *Jungfernsee* au moment où le bateau du haut employé de justice était là. Les matelots de l'empereur lui crient :

— En arrière ! En arrière ! Voilà le bateau de l'empereur qui arrive !

Mais le haut employé de justice répond :

— En avant ! En avant ! J'ai aussi le droit de naviguer dans le *Jungfernsee !*

Le célèbre moulin de Potsdam n'était pas loin. Le haut employé de justice pensa peut-être au temps de Frédéric II; mais l'Empereur Guillaume II ordonna alors de remorquer le bateau obstructioniste et le haut employé de justice fut puni pour délit de *Majestätsbeleidigung*. Il dut verser cent marks (125 fr.) d'amende à la caisse de bienfaisance de Potsdam.

Les journaux de Berlin qui publient ce fait divers, ne font que ce commentaire :

« Quand l'empereur navigue sur la Havel... ».

Dans chaque école publique d'Allemagne il y a un buste de l'empereur Guillaume II, comme il y a en France un portrait du président de la République dans chaque mairie.

Dans une école supérieure de jeunes filles de Ber-

lin, une *Backfisch* (jeune fille), Hedwig N... s'amuse
à moucher le buste de l'empereur.

— Morveux, dit-elle, sale garçon, il faut te moucher encore et tu veux gouverner tout seul l'empire
allemand, sans l'aide du vieux Bismarck, dont ton
grand-père avait besoin...

Le maître d'école arrive et entend les paroles de
la *Backfisch* Ce n'est pas une plaisanterie. C'est un
délit. La jeune fille a commis un *Majestätsbeleidigung*. On la punit. Elle est renvoyée de l'école.

Si les jeunes filles de Berlin aiment beaucoup l'empereur Guillaume II, elles aiment plus encore rire
de lui. Elles disent que sa moustache porte-lampions
leur fait peur ; cependant elles pensent plus à lui
qu'à l'impératrice.

Les jeunes filles de Berlin ont raison d'avoir peur
de la moustache de l'Empereur Guillaume II, moustache qui a fait couler du sang plus d'une fois, si l'on
doit croire ce que racontent les journaux de Berlin.

Voilà une des petites histoires que servent les
journaux berlinois à propos de cette moustache qui
deviendra historique.

Deux ouvriers de Berlin sont accoudés à boire de
la bière dans une brasserie de la *Danziger Strasse*
(rue de Danzig).

— Sais-tu, dit l'un, que j'ai vu l'empereur aujour-
d'hui, à sa sortie du palais impérial...

— Et bien, qu'est-ce que ça me fait?

— Mais, pense donc. Sa moustache cosmétiquée
doit avoir au moins une longueur de...

— Que tu es bête! Elle n'est pas plus longue que la
mienne, vois-tu...

— Imbécile !

— Tu m'appelles imbécile ! Tiens !

Et l'oùvrier appelé imbécile, en même temps que sa réponse jette à la tête de son camarade son bock de bière.

Une lutte s'ensuit et les deux combattants se blessent si grièvement, qu'ils durent être conduits à l'hôpital.

Il y a encore en Allemagne quelque chose de plus terrible que la moustache de l'Empereur Guillaume II. Ce sont ses uniformes, dont il est défendu de parler.

Le fait se passe sur l'Elbe, à Magdebourg et c'est le tribunal correctionnel qui inflige à M. Albert Schmidt, député au Reichstag allemand, pour délit de lèse-majesté, trois ans de prison et lui enlève ses droits politiques.

— Est-ce vrai que vous avez dit, lui demanda le président du tribunal, que notre auguste empereur et maître change plus souvent d'uniforme que de chemise ?

— Je ne vois rien d'offensant dans ces paroles, répond le député Schmidt.

— Mais, oui, reprend le président. Dire que notre empereur change plus souvent d'uniforme que de chemise, est un *Majestätsbeleidigung* (délit de lèse-majesté) ; vous avez voulu dire que notre Empereur est un *schwein* (cochon), qui ne change sa chemise plus souvent que son uniforme...

On avait raison à Hambourg. En Allemagne on ne doit pas dire mot sur l'Empereur Guillaume II.

Avant d'épuiser ce sujet, j'ajouterai un mot sur les espions ou *dénonciateurs* allemands.

Pourquoi a-t-il tant de dénonciateurs en Allemagne ? C'est qu'ils sont protégés par le gouvernement qui ne souffre pas que l'on dise un mot contre eux.

Trois ouvriers de Berlin sont allés faire un jour de promenade à Potsdam. Ils retournent le soir par bateau et s'arrêtent à Spandau en attendant le départ du train pour Berlin, au Wilhelmsgarten (jardin de Guillaume). Dans ce restaurant un des ouvriers fit une observation mal à propos sur le buste de l'empereur Guillaume II, placé tout près du lieu où ils étaient attablés à se désaltérer avec de la bière.

Un des consommateurs voisins ayant entendu le propos mal sonnant, suivit les trois ouvriers à la gare et les fit conduire par un sergent de ville au commissariat de police afin d'établir leur identité.

Plusieurs journaux de Berlin publièrent une correspondance de Spandau sur la détention provisoire de ces trois ouvriers, mais sans dire un mot l'approuvant ou la condamnant. Seulement le journal socialiste le *Vorwärts* ajouta ceci :

« Le dénonciateur est et sera toujours, dans tout pays, le plus grand coquin ».

L'édition du *Vorwärts* contenant cette appréciation sur le fait de Spandau fut saisie par la police de Berlin. Le gouvernement impérial fit savoir que l'on n'insulte pas les dénonciateurs ; mais tous les journaux allemands publièrent la nouvelle de la saisie du *Worwärts* en donnant le motif et l'insulte fut répandue dans tous les points de l'Allemagne. C'est l'effet négatif des persécutions maladroites contre la presse.

Le 27 janvier, jour anniversaire de la naissance de l'Empereur Guillaume II, est jour de fête dans toute l'Allemagne et principalement à Berlin. C'est un jour de réclame pour les grands et petits magasins et les boutiques.

Le buste de l'empereur est placé dans presque toutes les vitrines des magasins et boutiques de la grande ville. Dans les vitrines des marchands de fleurs, le coup d'œil est superbe, les fleurs de Berlin étant renommées par leur beauté. Chez les marchands de soieries, le buste de l'empereur est entouré de rubans de soie multicolores ; mais il y a toujours dans les choses de ce bas monde une note discordante.

Les charcutiers à Berlin sont nombreux et ont voit chez ces commerçants, dont leur habileté consiste à en faire des pâtés de foie gras, de colossales pyramides carrées, rondes, octogones de gros saucissons et le buste de l'empereur au milieu de ces pyramides, justement comme un charmeur entouré de serpents.

Les enfants, surtout les jeunes filles, en rient beaucoup de voir Sa Majesté l'Empereur Guillaume II ayant pour trophée des pyramides de saucissons.

A la nuit tombante la plupart des magasins et boutiques s'illuminent à l'intérieur et à l'extérieur. Les grands magasins font de splendides illuminations, dont quelqu'unes coûtent des milliers de francs.

Dans les rues de Frédéric, de Leipzig et de Potsdam, dans l'avenue *Unter den Linden* ; dans la Place de Potsdam et dans plusieurs autres endroits de la ville, c'est une foule énorme pour voir les illuminations. On se promène à pied et en voiture et quelques fois la police ne peut contenir ce flot humain.

Dans la *Breite Strasse* (rue de Breite) il n'y a qu'un seul magasin dont la façade soit illuminé ; mais c'est la plus splendide illumination de toute la ville. Sur le toit de l'immense bâtiment, il y a six énormes flambeaux de gaz. Toute la façade est couverte de lanternes électriques incandescente, de toutes les couleurs et représentant des dessins allégoriques, tels que la couronne impériale, des écussons et des armes.

Le ciel est rouge et au loin on croirait que tout le magasin est en flammes. La dépense en est très coûteuse. La foule accourt pour voir la magnifique illumination et la réclame est faite. Le lendemain et les jours suivants il y aura beaucoup d'acheteurs qui deviendront de constantes pratiques du maga·sin de la Breite Strasse.

Chose surprenante pour un Français ! Il n'y a pas d'illumination dans les bâtiments publics le jour anniversaire de la naissance de l'empereur d'Allemagne. Au palais impérial de l'avenue Unter den Linden il y a grande fête ; mais on ne le sait que par l'immense file de voitures qui attendent la sortie des invités et par le refus des sergents de ville de laisser les piétons s'approcher de la demeure de Sa Majesté Guillaume II.

Ce sont les bêtises des agents de la sûreté à Berlin. Comme si MM. les Anarchistes ne pouvaient pas monter en voiture ! Ce qu'on obtient avec cette mesure, c'est le froissement du peuple qui s'éloigne en murmurant :

— L'Empereur n'en sait rien de ça. Qu'ils sont bêtes ces sergents de ville !

On apprécie en Allemagne le caractère de l'Empereur Guillaume II de différentes manières. A Berlin, où on le connaît le plus, on le croit nerveux, rêveur, penseur, illusionniste. Ses voyages continuels ne sont pas entrepris pour son plaisir ; ils sont faits pour détendre ses nerfs, pour avoir le temps de penser pendant des heures entières de voyages.

C'est presque toujours après un de ces voyages que Guillaume II fait exécuter un de ces tableaux allégoriques dont le Michel allemand est le principal personnage. Il fait aussi presque toujours un voyage avant le jour fixé pour prononcer un de ses discours sensationnels dans lesquels se révèle son âme mystique et prophétique.

Son célèbre voyage de 1898 en Palestine, lui a procuré le loisir de composer le plus remarquable de ses discours, celui du banquet de la Diète de Brandebourg en 1899. Ce discours fait connaître d'une façon particulière et unique l'âme entière de Guillaume II, principalement à ceux qui ont pu l'entendre déclamer avec fougue, la vue animée, les paroles suivantes :

« Les Hohenzollern se sont, de tout temps, sentis personnellement responsables envers Dieu, de leurs actions et ils ont tous eu conscience de cette même responsabilité vis-à-vis de leur peuple.

« Lorsque je me tenais sur le Mont des Oliviers, je me suis de nouveau fait le serment de ne rien négliger qui put servir au bien de mon peuple.

« Je ne puis que promettre de nouveau aujourd'hui de faire tout ce qui dépend de moi. Le souvenir de mon voyage aux lieux saints m'aidera à protéger cet arbre (l'empire allemand), à le faire croître, à le soigner, à raccourcir, comme un bon jardinier, les branches exubérantes (les libéraux), et à attaquer, pour les détruire, les bêtes (les socialistes), qui veulent ronger ses racines. J'espère alors pouvoir contempler l'image qu'offrira cet arbre.

« Le Michel allemand (l'armée allemande) se tient devant lui, pour le protéger, la main sur le pommeau de son épée, le regard dirigé du côté de l'étranger (la France).

« La paix qui est garantie par le bouclier du Michel allemand et défendue par son épée, est une paix assurée (la paix de l'Ologne).

« C'est vraiment une magnifique entreprise pour tous les peuples que de vouloir assurer la paix (la proposition du tsar pour la conférence du désarmement) ; mais ils font une erreur dans tous leurs calculs. Tant que le péché non racheté règnera parmi les hommes, la guerre, la haine, l'envie et la discorde continueront d'exister et chacun essaiera de léser autrui.

« Or ce qui est une fatalité parmi les hommes, l'est aussi parmi les peuples. C'est pourquoi nous nous efforcerons, nous les Germains (mot employé pour comprendre les Allemands d'Autriche), d'être au moins unis comme un bloc solide.

« Puissent toutes les vagues qui menacent la paix se briser contre le rocher de bronze du peuple allemand, soit au dehors bien loin au-delà des mers (soit l'Angleterre), soit dans notre patrie (soit la France envahissante), en Europe ».

Il y a des personnes à Berlin qui pensent que l'Empereur Guillaume II, quand il parle du Michel allemand, veut dire *Guillaume II* et non pas l'armée allemande ; mais ils se trompent. Généralement on croit, en Allemagne, que Guillaume II, pour se personnifier allégoriquement, a choisi le chevalier de Lohengrin, le défenseur d'Elsa.

Et Elsa, sa bien-aimée épouse, c'est le peuple allemand. Mais Elsa perdit son protecteur, séduite qu'elle fut par la curiosité. Le peuple allemand perdra aussi son protecteur, s'il se laisse séduire par la curiosité; et la curiosité du peuple allemand, c'est le socialisme.

Guillaume II, par sa mère. l'impératrice Frédéric, peut dire qu'il a du sang français, sa mère étant une des descendantes du normand Guillaume le Conquérant. Par son père, il est de pur sang allemand.

Un burgrave (*burg*, bourg, *graf*, comte) de Nüremberg, nommé Frédéric de Hohenzollern, prêta cent mille ducats d'or à l'Empereur Sigismond, qui se trouva fort embarrassé pour rendre l'argent. En 1411, la mort du margrave (*mark*, marche, *graf*, comte) de Brandebourg ayant rendu vacant l'électorat du même nom, Sigismond le céda provisoirement à Frédéric, mais d'abord avec le simple titre de vicaire ou administrateur.

Les villes acceptèrent le nouveau vicaire ; mais il n'en fut pas de même de la noblesse qui déclara qu'elle ne reconnaîtrait à aucun prix le *prêteur* de Nüremberg. Frédéric parvint, cependant, par les armes et plus encore par la ruse à faire accepter aux rebelles les droits qui lui avaient été cédés par l'Empereur.

En 1415, un nouveau prêt de deux cent cinquante mille ducats d'or que Frédéric fit au même empereur Sigismond, lui valut enfin la dignité qu'il ambitionnait. Il devint margrave et électeur, et par conséquent souverain absolu de la marche de Brandebourg.

Plus tard, comme les princes d'Anhalt affichaient encore des prétentions à l'électorat de Brandebourg, Frédéric acheta leur *désistement* moyennant soixante mille ducats d'or.

C'est ainsi que les Hohenzollern devinrent princes souverains.

Voyons maintenant comment s'est fait l'Empire allemand.

En 1701, deux siècles en arrière seulement, Frédéric III, fils et successeur de Frédéric Guillaume, plus connu sous le surnom de Grosser Kurfürst (Grand Electeur), en la ville de Königsberg, se mit lui-même, sur la tête, la couronne royale et se nomma Frédéric Ier, Grand Electeur de Brandebourg et roi EN *Boroussia*, aujourd'hui DE *Prusse*.

Dans le vieil empire allemand ou le Saint Empire Romain, institué en 1356 par la Bule d'Or du pape Innocent VI, il n'y avait pas de rois ; mais ayant, en 1697, été élu roi de Pologne, à la mort de Jean Sobiesky, le grand électeur de Saxe, Frédéric-Auguste Ier, appelé le Fort, le grand électeur de Brandebourg, Frédéric III, voulut aussi être roi. Ne pouvant s'appeler roi de Brandebourg, il se nomma roi en *Boroussia*, duché tombé en 1608, par hérence, au pouvoir des Hohenzollern.

Ce fut par ce même motif, que dans le vieil empire allemand, le grand électeur de Saxe ne s'appelait que Frédéric-Auguste 1er, électeur de Saxe et Auguste II, roi en Pologne. Et ce fut aussi par cette circonstance qu'il n'y eut pas de roi de Brandebourg et le royaume des Hohenzollern prit le nom de Prusse.

Deutsche, en vieil allemand *Teutsche*, veut dire en français Teuton.

L'*Ordre teutonique* ou allemand, ordre militaire et religieux, fut fondé en Palestine, pour soigner les malades et les blessés allemands. Au xiiie siècle cet ordre se transporta en Prusse, duché qui fut soumis à sa domination. En 1511, Albrecht, arrière petit-fils du premier Hohenzollern, devient grand maître de l'ordre teutonique et Anna, héritière et arrière petite-fille d'Albrecht, se maria avec Jean Sigismond, électeur de Brandebourg.

Cet ordre fut détruit par Napoléon Ier en 1809, c'est-à-dire par le grand destructeur du feudalisme en Europe.

En Allemagne on dit que Frédéric Ier se nomma roi seulement par vanité et qu'il ne pensa jamais à la grande œuvre qu'il accomplissait, devenue si grande aujourd'hui.

Le petit-fils de Frédéric, Frédéric II, surnommé Frédéric le Grand, qui fut le plus grand général de son temps, conquit la Silésie, annexa une partie de la Pologne et fit de la Prusse un Etat redoutable.

Ce Frédéric II, surnommé Frédéric-le-Grand,

appelé aussi le plus grand philosophe de son siècle, l'ami de Voltaire, qui prit la Silésie à l'Autriche et une partie de la Pologne, est le même Frédéric II qui n'osa pas prendre par la force le moulin d'un pauvre paysan de Potsdam, parce qu'il y avait des *juges à Berlin*.

Après les guerres de la République et de l'Empire français, les traités de 1815 donnèrent à la Prusse les provinces du Rhin. On sait déjà comment le grand-père de Guillaume II fut chef de la Confédération de l'Allemagne du Nord et après empereur allemand annexant d'abord le royaume de Hanovre et les duchés de Schleswig-Holstein et ensuite l'Alsace-Lorraine.

L'Empereur allemand changera-t-il son titre pour celui d'empereur germanique le jour de l'entrée de l'Autriche allemande dans l'empire confédéré de l'Europe centrale ? Peut-être sous Frédéric IV on verra s'accomplir une autre fois la tradition allemande concernant les changements de titre des souverains de la Prusse.

Mais s'il y avait au monde un héritier ou descendant de l'Empereur Sigismond, avec assez d'argent pour rembourser aux descendants du préteur de Nüremberg, les prêts que celui-ci fit au-dit empereur, y aurait-il des *juges à Berlin* pour mettre sur le trône impérial allemand, le riche descendant de l'empereur Sigismond ?

Je ne sais pas ; je n'en sais rien. Ce que je crois, ce que je pense, c'est qu'aujourd'hui avec de l'argent seulement, on ne peut pas acheter un royaume, mais avec de la poudre à canon... c'est autre chose.

Cependant, qui a plus de droit au trône ? La reine Victoria d'Angleterre, descendante de Guillaume le *Conquérant* ou Guillaume II héritier du *Prêteur* de Nüremberg ? Le premier conquit son royaume à sang et à feu et le deuxième l'acheta avec de l'argent. Pour moi, je trouve préférable le deuxième au premier. Guillaume II a plus de droit au trône de Prusse que sa grand'mère, la reine Victoria, à celui d'Angleterre.

CHAPITRE IV

Pendant mon long séjour de trois années en Allemagne, j'ai tâché de connaître à fond les sentiments des Allemands en général à l'égard de la nation française et du peuple français.

Naturellement, ces sentiments sont très différents. Je ne ferai ici aucune référence qui concerne le bas peuple allemand, généralement ignorant et qui se bat contre le français avec la même bravoure et inconscience que contre l'autrichien et le danois. On les mène à la guerre et ils y vont sans savoir pourquoi.

Dans les classes illustrées de la société allemande, il faut mettre d'un côté les hommes politiques ou politiciens, et de l'autre ceux qui ne pensent pas à la politique Il faut séparer encore les hommes des femmes.

Dans le monde de la politique, le premier mot qu'on entend dire c'est :

— La France est une nation en décadence.

Vous pouvez répliquer :

— Mais non ! La France n'est pas une nation en décadence. Voyez tout ce qu'elle a fait après la guerre de 1870-1871. Elle a réorganisé son armée et augmenté sa flotte de guerre. Elle a un crédit financier sans égal au monde et la Banque de France garde dans ses caves plus d'argent que la Banque d'Angleterre, considérée autrefois comme la plus puissante. La première de ces banques a pu prêter à la seconde, d'un seul coup, soixante-quinze millions de francs et elle maintient toujours son escompte à deux et trois pour cent, pendant que les autres Banques sont forcées de l'élever quelquefois jusqu'à six pour cent.

— Oui, tout cela est vrai, vous répondra-t-on. La chute d'une nation ne se produit pas en un seul jour. Ce n'est pas non plus la décadence matérielle qui arrive la première dans une nation. La France peut être encore d'une grande force matérielle ; mais elle manque de force morale. C'est la décadence morale de la France que nous constatons.

Elle s'est donnée un gouvernement parlementaire à l'instar de celui de l'Angleterre et elle n'a pas assez de force morale pour un gouvernement pareil. La France est maintenant travaillée par deux partis ; le parti royaliste et le parti impérialiste. En Angleterre il n'y a pas de partis qui travaillent contre le gouvernement royal. La noblesse y est très puissante et les partis qui se divisent le pouvoir sont nettement établis. En France il n'y a pas de force royale ; la noblesse a disparu et le président de la République ne peut pas être élu par le peuple comme dans les Etats-Unis. En France le parti républicain s'organise et se désorganise à chaque instant et les ministres entrent et sortent selon ces organisations ou désorganisations. Il n'y a pas de vrai gouvernement républicain en France. Ce qu'il **y a** là-bas, est une sorte de compromis entre la monarchie constitutionnelle et la République véritable.

Regardez l'Espagne. Est-ce qu'elle est tombée si bas en un jour ? Le commencement de sa décadence date de loin. Elle a perdu d'abord les Pays-Bas, Milan, Naples, presque toutes ses possessions en Europe. Après ce fut le tour du Mexique, de l'Amérique centrale et de celle du Sud ; et finalement Cuba, Porto Rico et les Philippines. Ces pertes ce sont produites en même temps que s'augmentait sa décadence morale, décadence que le premier ministre d'Espagne, Sagasta, a avouée quand il a dit : « La race espagnole est une race dégénérée ». La perte de la France s'accomplira comme celle de l'Espagne.

— Oui, c'est vrai, vous pouvez répondre, que la France, de même que l'Espagne, a perdu des colonies ; le Canada, la Louisiane, les Indes ; mais elle s'est fait un autre empire colonial plus vaste et plus important.

Cependant, tout ce que vous pouvez dire pour faire voir aux politiciens allemands qu'ils se trompent, ne vaut rien. Et comme argument final ils diront :

— Cet empire colonial que la France s'est fait, immense sur les feuilles des atlas et le parchemin des traités, mais que vaut-il ? Cet empire colonial est comme l'alliance avec la Russie. De cet empire colonial quel avantage le commerce français en a-t-il su retirer ? De cette puissante alliance avec la Russie, quel avantage la diplomatie française en a-t-elle su profiter ?

Il y a très longtemps que nous avons constaté en Allemagne que le peuple français est hanté par le délir de la persécution. S'il pleut, neige, vente ou gèle ou s'il ne pleut, ni neige, ni vente, ni gèle en France. ce sont les agents de l'étranger qui font cela. On voit des espions dans tout le monde et tous les malheurs qui tombent sur la France, c'est l'œuvre de l'Allemagne ou de la triple alliance. C'est ce qu'on dit toujours en France.

Les politiciens allemands reprochent à la France de garder une haine sans mesure contre l'Allemagne. A ce propos ils disent :

— La presse française, pendant vingt ans, a publié constamment dans ses journaux que la guerre a été déclarée par Napoléon III, pour conserver sa dynastie, pour empêcher la révolution d'éclater, révolution qui grondait sur Paris depuis la mort de Victor Noir Maintenant les mêmes journaux publient que la faute a été au Fürst Bismarck, en falsifiant la célèbre dépêche d'Ems. La dépêche en question n'a pas été falsifiée : elle est simplement un extrait d'une autre dépêche. très longue.

Voyons cet extrait :

« Berlin, 13 juillet 1870. La nouvelle de la renonciation du prince héréditaire de Hohenzollern, ayant été communiquée par le gouvernement royal espagnol au gouvernement impérial français, l'ambassadeur de France a encore demandé à Sa Majesté le Roi, à Ems, de l'autoriser à télégraphier à Paris, que Sa Majesté s'engageait, pour l'avenir, à ne jamais donner son consentement, dans le cas où les Hohenzollern reviendraient sur leur candidature, Sa Majesté le Roi a refusé dès lors de recevoir de nouveau l'ambassadeur français et lui a fait dire, par son aide de camp de service, que Sa Majesté n'avait plus rien à communiquer à l'ambassadeur ».

Le Fürst Bismarck n'a pas mis un mot dans cette dépêche ; il l'a extraite de la longue dépêche, du rapport établi, sous les yeux du roi et rédigée par le conseiller intime Abeken, relatant l'entrevue d'Ems, à la promenade des Sources, dans la matinée du 13 juillet. Trouvez-vous dans cette dépêche tronquée, défigurée, falsifiée, comme on dit en France, motif à une déclaration de guerre comme celle que nous a faite l'empereur Napoléon III ?

Examinez bien la dépêche du Fürst Bismarck. Vous verrez que c'est une dépêche pour ne tromper personne. Elle est contradictoire. Dans la première partie elle dit que l'ambassadeur français a demandé à Sa Majesté le Roi, de l'autoriser à télégraphier ; et dans la seconde que Sa Majesté le Roi a refusé de recevoir l'ambassadeur. Si l'ambassadeur a demandé à Sa Majesté le Roi l'autorisation de télégraphier, c'est que l'ambassadeur a été reçu par le Roi et que celui-ci n'a pas refusé de le recevoir.

En France on n'a pas demandé confirmation ou collation de cette dépêche. On n'a pas attendu des dépêches du comte Benedetti ; le gouvernement impérial a voulu la guerre et il l'a demandée au Corps législatif. Dans cette assemblée une seule voix s'est élevée contre la déclaration de guerre, celle de M. Thiers. Est-ce que M. Thiers a pensé que la France allait être battue ? Pas du tout. Il a vu Napoléon III revenant de Berlin à Paris, triomphant, comme après la guerre pour la liberté de l'Italie ; la dynastie des Napoléon consolidée et la révolution étouffée. C'est pour ça qu'il a déconseillé la guerre.

Le comte Benedetti a, pendant vingt ans, dit dans toutes ses publications, qu'il n'avait reçu aucune offense publique ou privée du roi de Prusse ; on n'a point voulu le croire et on a fait la déclaration de guerre contre nous en se basant sur un fait non confirmé. Mais donnez le fait pour réel. Est-ce qu'on fait la guerre pour refus de recevoir un ambassadeur sans savoir les causes de ce refus ?

Dans les *Mémoires* de Louis Schneider, lecteur du roi Guillaume, *Mémoires* revues par le Roi lui-même, vous pouvez lire :

« A son départ d'Ems, le monarque ne croyait pas encore à toute la gravité de la situation. *Il avait même tendu très amicalement la main à M. Benedetti en prenant congé de lui à la gare* ».

Pour en dire toute la vérité, l'entrevue d'Ems n'a été autre chose que la négative du roi Guillaume à répondre à l'ambassadeur de France. Et comment voulez-vous que le roi réponde ? Le Fürst Bismarck n'était pas là ; et le roi sans le Fürst Bismarck n'était plus roi. C'est pour cela que le roi dit au comte Benedetti qu'à partir de ce moment les négociations devaient avoir lieu par l'intermédiaire de ses ministres.

Donc, la France nous a déclaré la guerre sans motif, en prenant pour prétexte une dépêche non collationnée et elle doit souffrir les conséquences de sa défaite. On dit en France que ces conséquences sont très dures. Est-ce que Napoléon Ier en a imposé de moindres à la Prusse, après Iéna ? On se trompe toujours en France. Maintenant on se croit là-bas tout puissant avec l'alliance de la Russie et on veut tuer deux perdrix avec un caillou : l'Angleterre et l'Allemagne. Comme ils sont naïfs, les Français !

Ce que je viens d'écrire, c'est ce que j'ai le plus souvent entendu dire aux politiciens allemands concernant la France. Voyons maintenant ce qu'on dit dans le monde des affaires.

— La France est une nation en décadence.

— Comment, vous, hommes d'affaires, vous vous exprimez à l'égard de la France dans le même sens que les hommes politiques d'Allemagne ?

— Mais. oui. Nous, hommes d'affaires, nous constatons chaque jour la décadence commerciale de la France. Notre exportation devient plus importante toutes les années, pendant que celle de la France va en décroissant. On dit en France que nos produits ne sont que de la camelotte ; mais si vous avez habité la France, vous devez savoir qu'il y a de la camelotte aussi chez les bons Français. Et si vous vous plaignez chez votre fournisseur de la mauvaise qualité des articles qu'on vous a livrés, on vous répond toujours :

— Vous en avez pour votre argent.

Chez nous il y a des articles d'un bon marché inouï ; mais il y a aussi des articles de très bonne qualité, aussi bons que ceux que vous trouvez en France et pas aussi chers.

Pour les jouets et les articles qu'on nomme de Paris, nos ouvriers font le même travail que les ouvriers parisiens et on les écoule en France sans que les

Français et les étrangers s'aperçoivent du lieu de provenance.

Dans le marché de l'Amérique espagnole, nous avons presque supplanté, totalement, les produits français. Dans la quincaillerie et la ferronnerie surtout. Nous avons l'espérance de supplanter aussi le commerce français en Asie et en Afrique.

La marine marchande allemande fait de grands progrès. Nous pouvons conduire à un prix meilleur marché que les bateaux français. Notre fret augmente constamment.

C'est ce que j'ai entendu dire en Allemagne à propos de la lutte commerciale entre les deux nations. Pour ma part, je peux dire que j'ai vu des articles d'un prix si bas, qu'on peut les appeler *épatants* et une façon de faire le commerce en gros que l'on peut appeler aussi *épatante*. Voici un exemple :

Pour bien connaître les mœurs allemandes, j'ai écrit à une fabrique de parfumerie de Karlsruhe avec prière de m'envoyer le catalogue illustré des articles de parfumerie et des prix en gros.

Pour toute réponse on m'a demandé si je voulais acheter de la parfumerie pour mon usage personnel, pour faire des cadeaux, pour vendre dans une droguerie ou pour l'exportation.

J'ai répondu que c'était pour l'exportation.

Alors j'ai reçu une nouvelle interrogation.

Où voulez-vous envoyer votre parfumerie ? Est-ce en Australie, au Transvaal ou au Tonkin ?

J'ai dit pour toute réponse que c'était pour le Pérou, motif pour lequel j'ai reçu une troisième interrogation,

Dans quelle ville du Pérou allez-vous envoyer notre parfumerie?

Eh bien, si j'allais dire que c'est pour Lima, on m'aurait demandé encore dans quel quartier, dans quelle maison, dans quel étage je voulais envoyer de la parfumerie de Karlsruhe et j'ai jugé préférable d'arrêter ces interrogatoires.

Après je suis allé visiter une fabrique de parfumerie à Charlottenburg et j'ai demandé le catalogue illustré des articles de parfumerie, avec les prix du gros.

— Est-ce que vous avez un titre, m'a dit le principal de la fabrique, pour nous demander notre catalogue ?

— Un titre ! Un titre ! Mais, oui, je visite l'Allemagne pour en prendre des informations. Est-ce que ça suffit ?

— Oh, non, monsieur, pas possible de vous donner notre catalogue ; mais, vous pouvez visiter toute notre usine, si celà vous plait.

Sur ces paroles on m'a fait visiter toute l'usine et je suis parti enchanté de la politesse allemande.

Maintenant vous êtes au courant de la façon de faire le gros commerce en Allemagne. Il vous faut un titre !

Ce que pensent les femmes allemandes à l'égard de la France, c'est le revers de la médaille de ce que disent leurs bons maris.

— Oh ! La France, la belle France ! Nous n'avons jamais été à Paris, mais nous comptons y aller. Vous avez été à Paris ? Très longtemps ? Combien de fois ? Ce chapeau-là, votre femme l'a-t-elle acheté à Paris ?

— Non, c'est un chapeau anglais ; il vient de Regent Street.

— Ah ! oui, on le voit tout de suite. Les Anglaises n'ont pas de goût. Tout ce qu'elles croient très joli, sont des confections allemandes qu'on envoie là-bas. Nos ouvrières travaillent beaucoup pour les Anglaises.

Si votre femme avait la bonté de nous faire voir sa garde-robe ? Elle n'aura pas certainement acheté ses robes et jupons en Angleterre ?

— Mais, oui, nous avons été très longtemps en Angleterre.

— Ah ! c'est malheureux !

En Allemagne on est très franc. La franchise domine tout. L'étranger est reçu très amicalement. Introduit à la maison, on le promène dans toutes les chambres, jusque dans la cuisine et les autres lieux plus réservés. Les Allemandes sont fières de la propreté de leurs maisons. On montre quelquefois les garde-robes. Ce n'est pas étonnant que les Allemandes demandent à voir les garde-robes des étrangers. Les femmes sont si curieuses !

Elles demandent aussi à savoir si les grands établissements de modes et de nouveautés et confections pour dames à Paris sont meilleurs que ceux de Berlin ; si c'est vrai qu'il y a à Paris des tailleurs pour dames et si celles-ci sont mesurées par ces messieurs et quelques-unes s'exclament :

— Oh ! il faut être sans gêne pour se laisser toucher par un tailleur !

Les femmes allemandes aiment tout ce qui vient de France. On les entend dire bien souvent.

— Une Allemande bien élevée doit savoir le français.

Pour les hommes, pour avoir la même qualité, ils doivent connaître le français et l'anglais.

Dans la conversation allemande on emploie beaucoup de mots français. On dit toujours : le *déjeuner*, le *dîner*, le *souper*, *adieu*, *en gros*, *en détail*, *un moment*. *pardon* à chaque instant et plusieurs autres termes français.

Les hommes politiques qui ont appris le français à l'école, ne montrent pas grande envie pour parler la langue française. Ils affectent pour elle un certain dédain qu'on peut prendre pour un sentiment de ne pas ignorer l'imperfection de l'apprentissage, les maîtres ou professeurs de français dans les collèges et lycées. étant des allemands qui ont appris le français en Allemagne.

Les hommes d'affaires et les femmes ont un sentiment opposé. Par tous les moyens, ils essaient de faire connaissance avec les Français et demandent la permission de faire des visites. L'objet principal pour les commerçants est de prendre des informations sur le commerce de la France et pour tous, c'est plutôt de se perfectionner dans leur connaissance de la langue française, les Allemands de toute condition ayant une facilité incroyable pour l'étude de l'anglais, du français et de l'espagnol.

En Allemagne on n'a pas de haine pour les Français pris individuellement. Seulement on entend les gamins chanter quelque fois dans la rue :

Olle Franzose mit der roten Hose.
(Vieux français au pantalon rouge).

Je puis donc écrire ici que pendant ma longue résidence de trois ans en Allemagne, je n'ai jamais entendu personne s'exprimer mal contre la France ou dire un mot blessant pour la nation française ou le peuple français. Et chose étonnante pour être relevée chez un peuple soumis de bon gré au gouvernement impérial :

Les Allemands ne veulent pas le retour de l'Empire en France. Pour eux, l'Empire ce n'est pas la paix, c'est la guerre. Avec un Napoléon pour Empereur, l'alliance russe serait alors effective, pas platonique comme elle est maintenant sous la République ; et l'alliance russe effective, c'est la guerre, car les Napoléons ont toujours besoin de la guerre pour consolider leur dynastie. On doit déduire d'ici, que les Allemands craignent l'Empire des Napoléons.

Les Allemands ont aimé la guerre. Ce fut avant. Maintenant ils désirent la paix. Ce désir n'a rien d'étonnant. Les Allemands ont gagné la partie pour trois fois. Ils sont contents avec le Dieu de la guerre. Ils n'ont rien à gagner dans une nouvelle partie ; et ils ne veulent pas risquer la fortune. Donc, depuis l'Empereur Guillaume II, jusqu'au plus humble Allemand, tous désirent être et rester en paix avec la France, les républicains et socialistes surtout.

Il y en a quelques-uns qui voudraient une petite guerre avec l'Autriche, pour lui prendre tout ce qu'il y a d'Allemands dans la monarchie austro-hongroise ; mais il y en a d'autres qui n'aiment pas cette guerre, parce que les Allemands autrichiens sont des catholiques et son incorporation à l'empire allemand serait la prépondérance de l'élément catholi-

que dans le Reichstag. C'est une question de religion
qui empêche l'incorporation de l'Autriche allemande
à l'Empire de Guillaume II.

Quand on parle de l'Alsace-Lorraine en Allemagne, bien que votre interlocuteur sache bien parler
français, il ne vous dira jamais *Alsace-Lorraine*, mais *Elsass Lothringen*. A votre observation
que ce sont des mots allemands et qu'on parle français, ils insistent à appeler ces province par les mots
allemands de *Elsass Lothringen*. Ce sont des pays allemands et on doit les appeler par leurs noms allemands.

Si vous demandez, par hasard, à des Allemands
de toutes conditions, hommes politiques ou hommes
d'affaires, s'ils pensent que quelque jour se produira
la réincorporation de l'Alsace-Lorraine à la France,
leur réponse sera toujours la même :

— Jamais !

Ils sont inflexibles sur ce point. Pour eux la reprise
de l'Alsace-Lorraine par l'Allemagne, est définitive.
Tout ce qu'on pourra faire plus tard, sera d'ériger
l'Alsace-Lorraine en *fürstentum* (une principauté
indépendante), mais toujours incorporée à l'Empire
allemand. Peut-être un des nombreux fils de l'Empereur Guillaume II, le prince Eitel-Frédéric, sera
nommé prince (*Fürst*) souverain de l'Alsace-Lorraine.
Cette solution peut arriver si la France est sage ; si
elle ne fait pas des alliances pour entraver la politique ou arrêter le développement du commerce de
l'Allemagne.

On connaît en France les résultats de l'enquête
faite par « La Vie Illustrée », sur la possibilité d'un

rapprochement en vue de la réduction des armements et de la réalisation d'une *entente* franco-allemande. Les directeurs de ce journal ont demandé au public français de répondre à une des quatre questions qu'ils ont posées par voies d'un bulletin de vote, afin de connaître laquelle de ces quatre ques- a sa préférence comme moyen de réaliser l'entente franco-allemande.

I. Reprise de l'Asalce-Lorraine par la France.

II. Neutralisation ou échange des provinces perdues par la France contre une des colonies françaises.

III. Accords spéciaux sur les questions extérieures, coloniales ou commerciales, sans renonciation par la France à reprendre l'Alsace-Lorraine.

IV. Entente complète acceptant les faits accomplis.

J'ai interrogé plusieurs personnes en Allemagne, principalement des journalistes de tous les partis, sur la convenance de faire dans tout l'empire allemand une consultation pareille à celle accomplie par « La Vie Illustré ». Leur réponse ne m'a jamais surpris. Elle a été toujours la même :

— Une consultation pareille est tout à fait inutile. C'est du temps et du travail perdus. L'opinion du peuple allemand est faite. D'ailleurs, cette consultation est impossible. Le gouvernement impérial allemand ne la permettra pas et si quelque Allemand se montrait partisan de la dévolution de l'Alsace-Lorraine à la France, il serait puni pour délit de haute trahison à sa patrie.

Je le répète, l'opinion des Allemands est inébranlable.

Sur la troisième question, c'est à dire sur la con-

5.

venance pour les deux nations de faire des accords spéciaux sur les questions extérieures, coloniales ou commerciales, l'opinion des Allemands est fortement partagée. Il y a des chauvins qui ne veulent entendre parler des accords avec la France, qu'après acceptation préalable par le peuple français des faits accomplis ; mais ils y en a d'autres plus raisonnables. Ils voudraient des accords avec la France sur les questions extérieures, coloniales ou commerciales. Ces accords feraient la base, le commencement d'une entente pour effacer les souvenirs de la guerre, souvenirs si douloureux pour la nation française.

Pendant mon séjour en Allemagne, la *Deutsch Französische Rundschau,* de Munich, a adressé à différentes personnalités allemandes ce questionnaire :

I. Quel est votre avis personnel sur un rapprochement entre la France et l'Allemagne ?

II. Croyez-vous ce rapprochement désirable ? possible ? prochain ?

III. Pourquoi ? Comment ?

Ces consultations ne signifient pas grand chose. Presque tous ceux qui ont pris part à cette enquête, sont des philosophes et des poëtes. Dans leur réponses, ils disent à peu près la même chose. L'union de la France et de l'Allemagne est désirable. Ces nations sont les deux facteurs importants de la civilisation modernes. L'Angleterre et l'Amérique n'y comptent pour rien.

Si ce rapprochement est estimé désirable pour tous, il y a cependant pour quelques-uns la question de l'Alsace-Lorraine. Si enthousiastes que soient leurs sentiments pour la France, si profond et si sincère que soit leur désir d'un rapprochement, ils déclarent, sans feinte ni ambages que la France doit accepter auparavant le fait accompli ; on souhaite l'entente, on est sincère ; mais on l'espère de l'oubli, du temps, des intérêts réciproques, de la haine commune contre un futur ennemi.

Pas une des voix qui s'élèvent dans ce concert ne tient à la dévolution ou à la neutralisation de l'Alsace-Lorraine Tel vœu serait puni comme un délit de haute trahison à la patrie. Ce vœu, le voudrait-il le peuple allemand, il ne serait pas libre de l'exprimer.

Je n'écrirai rien ici à propos des sentiments de la population de l'Alsace-Lorraine qui est restée fidèle à la France et dont les mœurs et l'esprit français s'y étaient si fortement enracinés. On les connaît par trop. Je dirai seulement que j'ai écrit au maire de Strasbourg en lui demandant des renseignements : il n'a pas daigné me répondre.

Ayant raconté ce fait à des amis allemands, ils ont voulu savoir si j'avais écrit au maire de Strasbourg en français ou en allemand. Je leur répondis que j'avais écrit en français.

— En voilà la cause ! me dirent-ils. Pour écrire aux autorités de l'Alsace-Lorraine, il faut employer la langue officielle et la langue officielle en Alsace-Lorraine est l'allemand. Le français est défendu.

C'est bien vrai ce que dit le *Maître d'école alsacien* :

> La patrouille allemande passe,
> Baissez la voix, mes chers petits,
> Parler français n'est pas permis
> Aux petits enfants de l'Alsace.

Il y a beaucoup de panoramas à Berlin. Un de mes amis allemands, M. Auerbach, ancien consul de Colombie à Berlin, m'invita pour aller voir celui de Sedan. Je ferai noter en passant, que M. Auerbach est un vrai descendant du célèbre Auerbach, propriétaire de la fameuse cave, d'où s'est enfui en 1525, le docteur Faust, à cheval sur un tonneau de vin, grâce à des sortilèges de son protecteur Méphisto.

C'était un dimanche le jour de l'invitation. Il y avait beaucoup de monde. Personne ne soufflait mot en regardant le terrible spectacle qui s'offrait à notre vue. Je suis sorti de l'enceinte du panorama fort impressionné et ne pus m'empêcher de dire à mon ami.

— Le jour de Sedan a été le plus malheureux pour la France, pendant cette horrible guerre de 1870-1871.

— Je ne le crois pas, me répondit mon ami. Le plus malheureux jour pour la France pendant la guerre de 1870-1871, a été le 4 septembre.

— Si on vous entend dire ces choses en France, on vous prendra là-bas pour un impérialiste.

— Oui, je suis impérialiste, mais impérialiste allemand. Supposez que la bataille de Sedan ait été gagnée par l'armée française. Ce n'est pas Napoléon III qui tombait prisonnier ; c'était le roi Guillaume qui rendait son épée. L'épouvantable nouvelle arrive à Berlin. Et bien ! Je suis sûr que le plus fort ennemi allemand du roi Guillaume et de la forme du gouvernement monarchique, n'aurait jamais pensé un moment a renverser sa dynastie ou le gouvernement royal pour le remplacer par un autre. Nous aurions pris exemple des révolutionnaires français de 1793.

Nous aurions battu la générale dans toutes les places de Berlin, mais penser à changer notre gouvernement avec l'ennemi qui vient sur nous et le chef de l'État prisonnier, non, jamais !

Je ne fis aucune réponse à mon ami allemand. Je me rappelais seulement les paroles du président des États-Unis, Lincoln, après sa réélection, pendant la guerre civile pour la liberté des esclaves :

— Ce n'est pas bon de changer de cheval pendant la traversée d'un fleuve, à la nage.

CHAPITRE V

Il n'est pas besoin de venir en Allemagne pour savoir que l'Empire allemand est un pays de soldats, constitué par soldats et gouverné par soldats. On n'est donc pas surpris de voir des militaires aussitôt qu'on arrive en Allemagne.

J'avais déjà eu l'occasion de constater qu'on trouve des soldats dans toute l'Allemagne, en me rendant en 1891 au Congrès postal universel de Vienne. De l'intérieur des wagons-lits de l'Orient Express qui traversent l'Allemagne du Sud, on voyait partout des soldats et toujours des soldats.

Ce qui étonne en Allemagne, c'est le militarisme qui règne dans l'administration de l'Empire.

Débarqué à Hambourg, ma première sortie fut pour aller à la poste chercher mes journaux et donner mon adresse. C'était de bonne heure encore. Justement à mon arrivée à la porte du grand bâtiment qu'on appelle à Hambourg *Das Postgebaude*, j'aperçois une compagnie de soldats avec leur caporal en tête qui sortent au pas. Alignés sur la chaussée, le caporal crie :

— A droite !

Et les soldats de droite défilent du côté droit.

— A gauche !

Et les soldats de gauche défilent du côté gauche.

Je demande à un passant pourquoi ces soldats portent leurs sacoches en avant et pas derrière, et il me répond :

— Mais, ce ne sont pas des soldats, ce sont des facteurs. On les fait sortir de la poste, toujours ainsi. Ces facteurs ont été des soldats et il faut qu'ils n'oublient pas leur ancien métier. La patrie (das Vaterland) peut encore avoir besoin de leurs services.

Je pénètre dans l'intérieur du magnifique palais de la poste. Je regarde aux guichets et qu'est-ce que je vois ? Des officiers en uniforme, en petite tenue.

Mes enfants m'ont fait lire dans leurs livres de traduction allemande ces phrases :

« Les Anglais sont libres ; l'Angleterre est une nation libre. Les Allemands et les Suisses sont aussi libres ».

Oui, c'est vrai. Les Allemands peuvent mettre dans leurs livres d'école qu'ils sont libres comme les Suisses et les Anglais ; mais à la poste de Hambourg, je me suis rappelé les bureaux de poste d'Angleterre. Là-bas, à la poste, on ne voit pas de militaires ; on ne voit pas de guichets. Derrière les comptoirs on ne trouve que des blondes demoiselles aux frais minois, qui, le sourire aux lèvres, vous demandent :

— What do you want, Sir ? (Qu'est-ce qu'il vous faut, Monsieur ?)

Les guichets de tous les bureaux de poste en Allemagne ont une petite vitrine en coulisse. Derrière ces vitrines se tiennent assis les employés aux beaux uniformes militaires. Quand on s'approche pour leur demander quelque chose, ils font rouler leur vitrine pour l'ouvrir.

— Un timbre-poste, une carte postale, sollicite quelqu'un.

L'employé fait rouler une seconde fois la vitrine pour la fermer. Il cherche, il prend ce dont vous avez besoin. Après il roule sa vitrine pour la troisième fois. Il reçoit votre argent, vous donne l'objet demandé et fait rouler sa vitrine pour la quatrième fois. S'il doit vous rendre de l'argent, ce sont deux coups de vitrine encore.

La première fois que vous aurez l'opportunité de voir ce petit roulement de vitrine, vous serez surpris ; et s'il y a du monde, de ce bon public allemand qui attend avec patience pour se placer en front d'un guichet de poste, vous pourrez observer que tous rient à la dérobée. Ils se gardent bien de le faire en face de l'employé. Rire d'un employé allemand en uniforme militaire, c'est une *beleidigung*, une offense punie par la loi.

J'ai demandé à Hambourg pourquoi les employés de la poste se livrent à ce petit jeu perpétuel de vitrine. Est-ce parce qu'ils craignent qu'on leur vole leurs timbres-postes ou cartes postales ?

— Non, m'a-t-on répondu. C'est la discipline, c'est le règlement qu'ils doivent observer et obéir. Il y a un règlement impérial de la poste allemande, fait à Berlin, par le directeur général ; et dans ce règlement il est dit que les vitrines des guichets doivent être fermées. Les employés ne font que remplir leur devoir.

Mais à Berlin, on m'a dit autre chose. A ma demande
pourquoi les employés de la poste font rouler constamment leurs petites vitrines, on m'a donné cette
réponse :

— Ce n'est pas le règlement, comme on vous a dit
à Hambourg, qui oblige les employés de la poste à
rouler constamment leurs vitrines. C'est que leurs
vitrines se trouvent reliées au cabinet rouge de leur
bureau par des fils de fer électriques. C'est un méca-
nisme automatique très ingénieux. Chaque coup de
vitrine rectifie le poids d'une lettre arrivée de l'étranger au moyen des nombreux pèse-lettres du cabinet
rouge. Les employés de la poste ne sont pas pares-
seux et leur besogne étant grande, ils font rouler
leurs vitrines à chaque instant. Savez-vous ce que
c'est que le cabinet rouge en Allemagne ?

— C'est peut-être ce qu'ailleurs on appelle le cabinet noir.

— Non, il n'y a pas de cabinet noir en Allemagne ;
mais nous avons le cabinet rouge. Le cabinet noir à
la poste est le lieu où les lettres sont décachetés,
photographiées ou simplement lues quand elles sont
insignifiantes ; puis rendues, rapportées à destination bien recachetées et distribuées aux intéressés,
sans que ceux-ci aient pu s'apercevoir du chemin
parcouru et du tour joué. On déchiffre aussi les télé-
grammes en signes conventionnels avant de les livrer
ou de les envoyer aux destinataires. Mais le cabinet
rouge allemand est le lieu où on rectifie le poids des
lettres qui arrivent de l'étranger.

— Et pourquoi faire ? On rectifie le poids des
lettres dans tous les bureaux de poste avant de les

mettre en valise, si l'affranchissement est insuffisant, on les taxe et c'est affaire finie.

— Pas en Allemagne. Vous devez savoir qu'il arrive quelque fois qu'une lettre expédiée avec le poids légal selon l'affranchissement, est rectifiée ici et on constate qu'elle a un quart de gramme de plus. Alors on la taxe au cabinet rouge allemand.

— Mais, pas possible. Selon le règlement d'exécution de la Convention postale universelle, les correspondances non affranchies ou insuffisamment affranchies sont, en outre, frappées du timbre T (taxe à payer) dont l'application incombe à l'office du pays d'origine. La destination d'une lettre non frappée du timbre T, n'a point de taxe à payer.

— Oui, c'est vrai : mais le même règlement d'exécution de la Convention postale universelle dit que tout objet de correspondance ne portant pas le timbre T est considéré comme affranchi et traité en conséquence, *sauf erreur évidente*. Et un gramme, un demi-gramme, un quart de gramme est une erreur évidente. Vous pensez que c'est l'esprit de lucre qui pousse les employés de la poste allemande à travailler au cabinet rouge ? Non, ce n'est pas ça. C'est le militarisme.

— Le militarisme ?

— Oui, le militarisme. Si vous êtes phrénologue, vous n'avez qu'à regarder le front des Allemands. Vous y trouverez toujours des sourcils saillants. C'est le signe du militarisme et des aptitudes combatives. Le Fürst Bismarck avait des grands sourcils très saillants. C'est le motif de son esprit militaire toujours dispos au combat et les Allemands sont tous faits d'après le Fürst Bismarck.

— Mais, j'ai voyagé un peu par tout le monde et jamais on ne m'a fait payer des taxes pour des lettres non frappées du timbre T.

— C'est parce que vous n'êtes pas venu en Allemagne. Maintenant que vous y êtes, si vous recevez des lettres de l'étranger, vous aurez à payer des taxes pour des lettres non frappées du timbre T. C'est une faute à la discipline que d'envoyer des lettres insuffisamment affranchies et non frappées du timbre T, que l'esprit militaire allemand ne peut souffrir.

Dans tous les bureaux de poste d'Allemagne, il doit y avoir quelqu'un qui parle français, mais si vous pouvez vous faire comprendre en allemand, ne tâchez pas de vous exprimer en français. Vous risquez qu'on ne vous comprenne pas.

Le jour où je suis arrivé à Berlin, on m'a dit :

— Si vous voulez voir ce qu'il y a de plus beau à Berlin, prenez demain matin, de bonne heure, le tramway électrique avec des wagons ouverts, au coin de la rue de Frédéric et de la rue de Dorothée. Vous traverserez tout le Thiergarten (jardin d'animaux) et les avenues de Berlin et de Spandau, jusqu'au West-End (l'extrémité occidentale)

J'ai fait comme on m'avait dit. La promenade a été fort belle. En effet, c'est la plus belle de Berlin. Arrivé à la grande avenue de Berlin (Berliner Strasse), j'ai eu le spectacle le plus amusant du monde. J'ai vu une troupe de soldats sapeurs, avec la casquette et la redingote allemandes, la redingote boutonnée jusqu'au col.

Les soldats s'arrêtent sur la voie publique et forment les faisceaux, ils vont déjeuner. Le tramway qui me porte passe à côté d'eux et j'aperçois que ce que j'ai pris pour armes de sapeurs ne sont que des balais. Je demande au conducteur du tramway si en Allemagne on donne aux soldats le métier de balayeurs ; mais on me fait cette explication :

— Les balayeurs en Allemagne ne sont pas des soldats. Ils l'ont été avant, comme tout bon Allemand. Ce qu'il y a, c'est que les balayeurs sont militarisés comme toutes choses en Allemagne. Vous verrez encore du militarisme plus étonnant chez nous.

En effet, quelques jours après, je suis sorti avec M. Heynemann, un bon ami allemand connu au Pérou. A peine nous avions fait quelques pas dans la rue, que mon ami me dit :

— Que vous avez de la chance ! Il n'y a pas une semaine que vous êtes à Berlin, et voilà que vous allez vous trouver face à face avec une compagnie des Hussards de la Mort.

— Vraiment ? Où sont-ils donc ?

- Les voilà sur le toit de la maison en face.

— Mais, je les ai pris pour des soldats pompiers. Ils travaillent comme des militaires. Tous leurs mouvements sont rithmés comme ceux des sapeurs-pompiers vétérans.

— Attendez, me dit mon ami, ils vont descendre, ces Hussards de la Mort. Dans une minute ils seront dans la rue. Ils viennent de finir leur travail. Gare à vos habits.

Quelques instants après, les Hussards de la Mort

de mon ami étaient dans la rue. Ils se forment et marchent comme des soldats. Ils sont tous noirs, leurs figures comme leurs vêtements. C'est de la suie, ce sont des ramoneurs.

— Comment, dis-je à mon ami, pourquoi appelez-vous ces ramoneurs les Hussards de la Mort ?

— Premièrement parce que les ramoneurs en Allemagne sont organisés en compagnies de soldats. Ils sont aussi militarisés que les vrais soldats. Et après parce que c'est le nom qu'on donne en Allemagne aux ramoneurs. Ils sont la terreur des bonnes et des cuisinières ; ils font irruption dans les maisons sans qu'on les appelle et mangent et boivent tout ce qu'ils trouvent à leur portée. Ils salissent tout et, comme les cochers de fiacre, ils ne sont jamais contents de ce qu'on leur donne. Leur plus grand plaisir, c'est de salir la figure des bonnes et cuisinières qu'ils rencontrent en chemin et les habits de toute personne bien mise qui a le malheur de passer à côté d'eux, surtout si elle a des vêtements clairs.

Le ramoneur allemand est, cependant, un type très populaire. On l'aime beaucoup malgré ses méchancetés ou peut-être à cause des méchancetés qu'il fait au voisin. On le trouve toujours en exhibition aux musées, à côté des personnes célèbres, accomplissant un mauvais coup.

Une semaine s'est écoulée après mon arrivée à Berlin. M. Nagel, le propriétaire de l'hôtel où je suis descendu, vient me trouver au salon de lecture et me dit :

— Monsieur, il nous faut aller au commissariat de police.

— Comment, m'écriais-je, comment aller au bureau de police ? Pourquoi, pour quelle cause ?

— C'est mon devoir.

— Votre devoir est de me conduire chez le commissaire de police ? Est-ce que vous plaisantez où êtes-vous devenu fou ?

— Ne vous mettez pas en colère, Monsieur. Ecoutez mes supplications. Vous avez été une semaine dans mon hôtel.

— Eh bien ?

— Il faut aller au bureau de police.

— Mais, je ne vous comprends pas.

— Quand on vient en Allemagne et qu'on y reste plus d'une semaine, on doit aller au bureau de police et présenter son passeport.

— Et après ?

— Vous devez donner votre état-civil et ceux de votre femme et de vos enfants. Il y a deux sortes de bordereaux. Un en papier blanc et l'autre en papier vert. Le bordereau en papier blanc est pour l'arrivée (*Anmeldung*, avis d'entrée) et le bordereau en papier vert pour le départ (*Abmeldung*, avis de sortie). Il n'y a entre eux aucune autre différence.

C'est-à-dire que pendant une semaine, messieurs les anarchistes peuvent venir en Allemagne et mettre en œuvre la propagande par les faits ; mais après une semaine de séjour sur le sol allemand, la police de sûreté connaît le lieu de leur résidence.

Je fis justement comme m'avait dit le propriétaire de mon hôtel. Je remplis avec mon état-civil et celui de chacun des membres de ma famille, un bordereau blanc à trois exemplaires. Après je pris mon

passeport et nous nous mîmes en marche pour aller
au bureau de police.

Le trajet ne fut pas long, les bureaux de police
étant si nombreux à Berlin, qu'on peut dire qu'on
les trouve dans toutes les rues principales de la
ville. Je ne fus aucunement étonné de trouver des
militaires aux bureaux de police de Berlin. Le service de police doit être fait par des militaires dans
l'Empire allemand.

Après avoir rempli toutes les formalités au bureau
de police et présenté mon passeport qui fut trouvé
exact avec mon état-civil exprimé dans le bordereau
blanc à trois exemplaires, nous retournâmes à
l'hôtel.

Un mois après, je quittais l'hôtel. Ce fut le tour
des bordereaux verts aussi à trois exemplaires.
J'avais pris un appartement et le jour de mon installation dans mon nouveau domicile, je dus donner
encore à mon propriétaire mon état-civil et ceux de
chacun des membres de ma famille, dans un bordereau blanc, toujours à trois exemplaires.

Le jour suivant, je reçus la visite d'un militaire,
employé du bureau de police le plus rapproché de
ma maison. Il voulait savoir si vraiment j'étais
M. de Benedetti. Il me fit savoir encore que je devais
aller le lendemain à son bureau avec tous les papiers
en ma possession pour constater mon état-civil, mes
moyens d'existence, mon honorabilité et toutes
autres choses que je croirais importantes.

On comprend que je dus m'exécuter. Je me rendis
au bureau de police désigné ; je présentai tous les
papiers en ma possession qu'on voulait voir et

après on me laissa en paix. On m'avait dit pour
en finir que j'étais un protégé de la police de Berlin.
Tous les habitants de Berlin sont sous la protection
de la police de la ville.

Retourné chez moi, je trouvais que c'était trop
fort, chez un peuple qui s'appelle libre.

Je ne sais plus qui a dit que la pire des servitudes,
c'est de se croire libre sans l'être. Le mot est d'application constante.

J'avais été à la Havane, avant la première grande
insurrection de Carlos Miguel de Cespedes. Il y exis-
tait à l'île de Cuba à cette époque. le régime des
passeports et des bordereaux ; mais on n'était pas
obligé de présenter aucun papier, excepté le passeport. C'est vrai qu'à la Havane, on ne voyait pas
un anarchiste dans chaque étranger qui arrivait au
pays.

La conclusion à tirer de ce régime de passeports et
de bordereaux, est très facile. L'Empire allemand,
dont la population s'appelle libre, est soumise au
même régime que les anciennes colonies espagnoles.
Ce qu'on avait fait avec moi, à Berlin, est en usage
aussi dans toute l'Allemagne pour tous les étrangers
de toutes conditions qui arrivent. Et pour les Allemands aussi. Ils sont soumis au régime du passeport et du bordereau à chaque déménagement, ce
qui fait que la police connaît le domicile de toute
personne qui habite l'Empire allemand.

On verra d'autre part dans ce livre, le profit que
tirent les Allemands de ce régime de passeports et
bordereaux blancs et verts à trois exemplaires.

Les sergents de ville dans toute l'Allemagne sont

de vrais soldats, que l'on peut faire marcher en cas
de guerre en grands bataillons contre l'ennemi. Ce
sont avec leurs uniformes et le service qu'ils ren-
dent, l'unique différence entre eux et l'armée de
ligne. Mais si l'Empereur Guillaume II doit être fier
de son armée impériale, il serait très mécontent des
sergents de ville allemands, s'il pouvait entendre les
plaintes que la population honnête et laborieuse de
son empire articule à leur égard.

C'est Berlin, la capitale de l'Empire allemand qui
tient la tête sur les plaintes portées contre les sergents de ville. Demandez aux Berlinois leur opinion
sur le service des sergents de ville de Berlin et ils
vous donneront cette réponse :

— Oh ! Les sergents de ville de Berlin, ce sont les
amis des cocottes et des souteneurs ; les persécu-
teurs des bonnes et des cuisinières. Ils craignent les
anarchistes, les voleurs et les assassins et tremblent
devant eux ; mais ils sont toujours prêts pour vexer
et arrêter les personnes comme il faut. Ils sont les
ennemis des gens de bonne société. Ils prennent toujours le parti des mauvais sujets et surtout des mauvaises filles. C'est horrible, c'est dégoûtant.

C'est ce qu'on m'a répondu à Berlin, chaque fois
que j'ai demandé à toute personne non employée
par le gouvernement, des renseignements sur le service des sergents de ville de la capitale de l'empire
allemand.

Est-ce que l'Empereur Guillaume II connaît cette
situation ? J'en doute. Autrement il y aurait porté
remède.

Le plus grand plaisir des agents de police à Ham-

6

bourg, est de faire payer des amendes aux pauvres marchandes de fleurs. Les marchandes de fleurs de Hambourg forment une corporation et ont un costume spécial et très pittoresque. Elles sont autorisées à débiter leur marchandise sur la belle promenade appelé *Alsterdamm* (chaussée de l'Alster) ; mais elles ne peuvent pas déposer leur corbeille à fleurs sur le sol.

Si le sergent de ville les surprend avec leur corbeille sur le sol, elles doivent payer une amende de deux *marks* (2 francs 50 centimes), pour chaque infraction au règlement de police. Les sergents de ville à Hambourg se cachent derrière les arbres de la promenade de l'Alsterdamm pour guetter, surprendre et punir avec grand plaisir ces pauvres gagne-petit. J'ai demandé à des Hambourgeois la cause de tant de rigueurs, et on m'a dit que les marchandes de fleurs n'écoutent pas les galanteries des sergents de ville.

Cela se passe dans la ville libre et anséatique de Hambourg, gouvernée par un conseil municipal appelé *Sénat*, tout à fait comme les partisans de la Commune ont voulu administrer Paris.

Pour être officier de l'armée allemande, on doit être d'une famille noble et riche. On doit aussi avoir été bien élevé. Malgré ces dispositions vous trouvez dans les journaux allemands des nouvelles concernant des officiers de l'armée régulière qui ne sont pas édifiantes. C'est toujours à propos des questions de jeu que ces nouvelles se produisent. Pendant mon séjour à Berlin, on a publié ce qui suit :

« Berlin, 11 janvier 1899. Le *Tageblatt* confirme

l'arrestation de l'ex-officier comte von X... (je supprime le nom) prévenu de faux. Cette arrestation se rapporterait à une affaire de jeu où de nombreux personnages appartenant à l'armée et à la haute noblesse seraient impliqués »

« Berlin, 4 février 1899. Les journaux annoncent dans l'affaire de jeu, l'arrestation de l'ex-lieutenant de la garde X... (je supprime le nom). D'autres arrestations sont imminentes ».

Je dois dire que l'Empereur Guillaume II est très sévère et inflexible sur les fautes des officiers de son armée et que les coupables aussitôt arrêtés sont mis en réforme. Ils n'appartiennent plus à l'armée. Mais que voulez-vous que fassent les officiers de l'armée allemande? Ils sont si nombreux ; ils sont dans l'oisiveté ; ils sont riches : ils ont de l'argent et ils jouent. Du jeu vient la fraude. On commence bien et on finit mal.

A propos de ces événements et pour empêcher la passion du jeu, un ordre du cabinet de l'empereur, rappelle combien fréquemment il arrive que des offres louches de prêteurs d'argent professionnels soient adressées à des officiers de l'armée et ordonne que désormais tout officier à qui parviendra une offre louche de prêt d'argent, sera tenu d'en avertir immédiatement ses supérieurs.

Le peuple allemand n'aime pas les officiers de son armée. Je pense que ce manquement d'amour a pour cause les privilèges dont jouissent les dits officiers. Si vous allez au Reichsbank (Banque Impériale), dans un bureau de poste, dans un restaurant, dans une brasserie, vous trouverez que l'officier allemand, arrivé le dernier, est, cependant, reçu, écouté, servi avant le bon pékin qui attend patiemment son tour d'être servi, écouté ou reçu.

Le public se contraint, mais regarde l'officier avec colère. Il en est de même dans la rue. Chaque fois que j'ai vu un officier allemand passer à côté des ouvriers, ceux-ci l'on regardé avec mépris et colère. On ne peut dire la même chose du soldat allemand. Lui et l'ouvrier sont de bons camarades. Ils boivent de la bière ensemble.

Les officiers allemands sont aussi renommés pour leur brutalité envers les soldats et ceux-ci ne se plaignent pas, car ils craignent la vengeance.

L'officier allemand ne doit pas se confondre avec les paysans. Il doit toujours être propre, bien habillé et ganté de blanc. Dans les théâtres il y a des places réservées pour les officiers et ces places coûtent cher. S'il n'a pas d'argent et s'il veut aller au théâtre, l'officier doit s'y rendre sans uniforme.

Dans un pays aussi militarisé que l'Empire allemand, ce n'est pas étonnant que les officiers de l'armée se prennent eux-mêmes pour tout-puissants. Tout y contribue. Voici un fait que je traduis du journal berlinois *Berliner Morgen Post* (Courrier du Matin de Berlin).

Il y a dans toutes les gares à Berlin, devant chaque guichet, une petite table ronde, ce qui forme un étroit passage par où on ne peut passer que l'un derrière l'autre. Le public doit entrer par la droite et sortir par la gauche. On a été obligé de prendre cette mesure afin d'éviter les querelles. Le tempérament allemand ainsi l'exige.

Un *pékin* pour acheter son billet entre par la gauche dans l'étroit passage devant un guichet de la *Bahnhof Friedrichstrasse* (gare du chemin de fer de la rue de Frédéric), pour pouvoir obtenir son billet avant les autres et n'avoir point besoin d'attendre comme s'il se plaçait à droite. Il empêche ainsi les autres acheteurs de sortir, ce que voyant, le concierge de la gare, chargé de faire observer le règlement, dit au *pékin* de quitter sa place ; celui-ci ne veut pas obéir. Le concierge alors le prend par le bras, mais le *pékin* lui crie :

— *Kreuzhimmelbombenschockschwadronenelement* (en français : Scrongnieugnieu, vous f...iche dedans).

Ne me touchez pas ! Je suis officier !

Et en même temps il administre au pauvre concierge des coups de poing sur la figure, pour lui faire lâcher prise.

Ayant porté plainte contre cet officier, le pauvre concierge fut débouté. Il n'avait pas de témoin, car en Allemagne on ne dépose pas contre un officier et le témoignage du plaignant n'était pas suffisant pour une condamnation.

La défense de l'officier est aussi très curieuse.

— Je viens, a-t-il dit, très souvent à la gare du chemin de fer de la rue de Frédéric, pour acheter des billets. Je ne suis jamais allé au guichet par la droite, je suis toujours entré par la gauche et jamais le concierge ne m'a dit un mot. C'est que je viens toujours en uniforme. Le jour où il m'a pris par le bras, j'étais en civil.

Voilà un autre fait plus significatif encore, dont je prends la narration au même journal berlinois.

6.

Une scène nocturne dans les rues de Berlin. — Une affaire de sabre dans la rue de Bülow.

Un événement des plus regrettables s'est passé à Berlin dans la nuit du samedi au dimanche dernier. Au coin des rues de Bülow et de Potsdam, un officier s'est pris de querelle avec un civil, qu'il blessa si grièvement qu'on dut l'emporter à l'Hôtel-Dieu.

L'officier supérieur est le lieutenant Bottrich, du régiment des fusilliers du maréchal de camp prince Albrecht de Prusse (Hannover), n° 73.

Le blessé est le chauffeur de locomotive Hermann Tutas, ouvrier à la gare de Potsdam.

Le dimanche, après une heure du matin, le lieutenant supérieur Bottrich dégaîna son sabre et porta à l'ouvrier Tutas plusieurs coups dans le bas-ventre et à la tête. Tutas étant par terre, blessé, reçut encore des coups, le lieutenant supérieur Bottrich s'acharnant sur lui. Cependant Tutas se relève et court vers la place de Nollendorf, appelant au secours; mais les forces lui manquent et il tombe à nouveau par terre, sans connaissance. Des passants qui l'ont trouvé là, à deux heures du matin, l'ont conduit à l'hôpital d'Elizabeth, dans la rue de Lützow, évanoui et tout couvert de son propre sang.

Les coups ont été donnés avec une force effroyable. Un des coups a brisé la chaîne de montre de Tutas et un autre coup a percé la montre de part en part.

Le lieutenant supérieur Bottrich, son exploit accompli, se rendit au commissariat de police où pour toute justification de ses actes, raconta que Tutas l'avait insulté et hué.

Tutas, qui fait une impression sympathique et dont les gens chez lesquels il demeure, ne font de lui que des éloges, a dit à l'hôpital qu'il voulait passer devant l'officier et que celui-ci sans aucune provocation de sa part, a dégaîné et l'a frappé et blessé avec son sabre.

Un des rédacteurs du *Berliner Morgen Post* alla voir le lieutenant supérieur Bottrich, le jour suivant et le trouva au moment où il finissait de faire ses malles pour partir en voyage. L'officier était renvoyé à son régiment à Hannover! Avant de partir, il dit au rédacteur du *Berliner Morgen Post*, qu'il avait fait part à la police et aux autorités militaires de cette regrettable affaire et qu'il ne pouvait faire aucune communication à la presse; mais il ajouta que Tutas, après l'avoir insulté et hué, lui avait passé sa canne entre les jambes dans le but de le faire tomber par terre.

La canne de Tutas ne serait-elle pas le sabre de l'officier Bottrich, que lui-même se serait mis entre les jambes ?

Le lieutenant supérieur Bottrich partit pour Hannover, Tutas resta six semaines à l'hôpital, d'où il sortit complètement guéri, mais très faible de corps et d'esprit.

Si vous demandez aux Berlinois leur opinion sur cette affaire, tout le monde répond :

« Ce n'est qu'une petite querelle d'officier, une petite querelle de trottoir à Berlin, dont nous sommes habitués ».

Et quelques-uns ajoutent :

« L'officier n'a fait que **son** devoir. Autrement il n'y aurait plus d'armée ».

Heureux pays !

Voyez la preuve.

Sorti de l'hôpital, le chauffeur Tutas porta plainte contre le lieutenant supérieur Bottrich pour coups et blessures, mais il fut débouté. Le conseil de guerre déclara que l'officier n'avait commis aucune faute dans la rencontre avec l'ouvrier ; tout au contraire, il s'était conduit correctement et la faute n'était à reprocher qu'au chauffeur Tutas.

C'est ainsi que les choses se passent en Allemagne, entre Allemands ; mais quand c'est avec un étranger, l'affaire prend une autre tournure tout à fait différente. Les officiers allemands trouvent quelquefois *la forme de leur soulier*, comme on dit en Espagne.

Je transcris aussi ce fait du *Berliner Lokal Anzeiger*, journal appelé à Berlin *Berliner Skandal Anzeiger* (Avertisseur scandaleux de Berlin), car il publie tous les faits scandaleux de la ville, mais sans donner de noms.

Un riche Américain était venu à Berlin avec sa famille, pour y passer la belle saison. Il loua une des meilleures villas de Südende de Berlin (extrémité du sud) et la meubla richement. Il prit des valets, des cuisiniers, des femmes de chambre et une *Fräulein* (demoiselle de compagnie) pour parler allemand.

Le riche Américain allait au centre de la ville tous les jours pour ses affaires et prenait très souvent le chemin de fer de pénétration pour descendre à l'Anhalterbahnhof (la gare d'Anhalt). On sait que à Berlin, dans les trains de banlieue, il y a des wagons spéciaux où l'on peut fumer et d'autres où on ne fume pas.

Dans ces wagons on peut lire en allemand : *Nicht Rauchen* ou bien *Rauchen verboten ;* ce qui veut dire en français : Ici on ne fume pas ou bien Défense de fumer.

Le riche Américain, un grand fumeur de bons cigares de la Havane, avait eu la bonne chance de s'installer dans un wagon à fumer toutes les fois qu'il était venu de sa villa à la gare d'Anhalt et il avait fumé à son bon plaisir. Personne ne l'avait dérangé.

Mais tout a une fin dans ce monde. Un jour le riche américain monta dans un wagon ou on ne peut fumer. Il ne comprend pas très bien l'allemand et ne se soucie pas de lire un avis en gros caractères noirs qui est suspendu dans le wagon et qui dit : *Rauchen Verboten* (Défense de fumer).

Ce jour-là, le riche Américain n'avait pas de chance. C'était un vendredi et le treizième jour du mois. Deux signes de malheur. Justement dans le wagon où s'installa le riche Américain, était un de ces orgueilleux officiers allemands inflexibles avec la consigne. Il dit au riche américain :

— *Hier wird nicht geraucht !* (Ici on ne fume pas).

Le riche Américain, qui comme nous avons déjà dit, ne comprend pas très bien l'allemand, croit que l'officier lui a dit que son cigare ne fume pas bien, c'est-à-dire que son cigare n'est pas bon. Il regarde donc son cigare et ensuite le jette par la portière du wagon. Après il prend un autre de son porte-cigare, l'allume et fume.

L'officier allemand pense que le riche Américain se moque de lui, et tout en colère, d'un bond, il se lève de son siège, s'élance sur le fumeur récalcitrant, lui arrache son cigare de la bouche et sans dire un mot le jette aussi par la portière du wagon.

Le riche Américain pris à surprise par l'officier allemand, n'a pu opposer aucune résistance ; mais le moment de stupeur passé, il se lève aussi de son siège, prend l'officier allemand par la gorge, le terrasse sur la banquette du wagon et le cogne de la plus belle façon en le boxant.

L'officier allemand était bien déconcerté, il ne s'attendait pas à une riposte. Personne en Allemagne n'ose lever la main sur un officier de l'armée. On sait qu'on risque sa vie. Tout étourdi, l'officier allemand veut dégaîner pour se défendre ; mais il ne réussit pas à tirer son épée.

Les officiers allemands portent toujours leur épée, mais ils portent aussi toujours par dessus celle-ci une longue redingote et un manteau gris-clair, boutonnés jusqu'au col, ce qui naturellement cache l'épée et les empêche de dégaîner promptement.

Le train arrive en gare, l'officier allemand descend le premier pour appeler un sergent de ville et faire arrêter le riche Américain, mais celui-ci descend à son tour et saute dans un fiacre. Quand l'officier allemand retourna avec le sergent de ville, il n'y avait plus personne à la gare.

Les voyageurs témoins de cette incroyable scène d'un officier allemand, cogné et battu par un civil, étaient stupéfaits et n'osèrent prendre parti pour aucun des deux combattants. Mais on croit qu'ils étaient aussi contents.

Arrivé à destination, le riche Américain raconta a son fondé de pouvoirs, un banquier allemand, son aventure avec l'officier allemand jeteur de cigares.

— Vous l'avez échappée belle ! lui dit le banquier allemand et cet officier sera bien puni par notre empereur pour ne vous avoir pas tué. Savez-vous que les officiers allemands ont le droit de tuer quiconque les touche avec le doigt ?

— Je l'ai touché et bien touché avec mes dix doigts.

— Maintenant allons à la gare de la Friedrich-strasse. Le train pour Hambourg part ce soir à 5 heures 25 minutes ; il n'est que 5 heures. Nous arriverons à temps à la gare de Lerther pour prendre le train pour Hambourg. Le bateau pour Harwich part demain matin. Aussitôt arrivé à Hambourg, prenez à la gare un fiacre, allez tout droit à bord du bateau anglais et ne mettez plus le pied sur le sol allemand.

— Et pourquoi dois-je partir ? demanda le riche Américain.

— Parce que si vous restez en Allemagne, vous serez mis en prison, peut-être pour toute la vie.

— Et ma famille ?

— Elle vous suivra. Je préviendrai madame.

— Donc partons. Je rejoindrai madame à Paris. Qu'elle parte pour Paris ; qu'elle quitte aussi cet ingrat sol allemand. Mais est-ce possible que les choses se passent ainsi à Berlin ? Si j'étais jugé,

je serai acquitté, car si j'ai battu un officier allemand, j'étais en droit de légitime défense. On a dit
qu'il y avait des juges à Berlin. Il y en aura encore.

— C'était au temps du grand roi Frédéric II. Maintenant il n'y a plus de juges à Berlin. Il n'y a que
des soldats. Si vous êtes jugé, vous serez condamné.
Vous devez savoir aussi qu'un étranger n'a jamais
raison contre un Allemand. L'étranger a toujours
tort chez nous. L'allemand a toujours raison.

Le riche Américain quitta Berlin. Sa femme et ses
enfants prirent le train pour Paris le jour suivant,
de très bonne heure. Le même jour à huit heures du
matin, un commissaire de la police de Berlin, frappa
à la porte de la villa du riche Américain à Südende;
mais il n'y avait plus personne.

Tous les employés étaient partis. On avait donné
congé à tout le monde. On leur paya deux mois de
salaire.

Le commissaire de police retourna deux heures
plus tard à la villa déserte de Südende. Un serrurier
ouvrit la porte d'entrée. On chargea tout ce qu'on
trouva et on le porta aux annexes de la cour de justice de Moabit (Moabit Amtsgericht). Il y avait pour
dix mille marks de meubles (12.500 fr).

Ce fut la punition du riche Américain. Ses meubles de la villa de Südende furent confisqués... parce
qu'il était en fuite.

J'ai connu mademoiselle Markiewicz, à Berlin, la
Frāulein (demoiselle de compagnie) pour parler
allemand avec les enfants du riche Américain. Elle
appartient à une famille très estimable et raconte
que les faits de cette aventure n'ont pas été exagé-
rés, qu'ils sont **exacts**.

CHAPITRE VI

LE SOCIALISME ET LE RÉPUBLICANISME EN ALLEMAGNE

Au temps de la collation du premier grade de la franc-maçonnerie, grade nommé *apprenti*, le vénérable maître de la loge dit au récipiendiaire :

« Maintenant je vous présente les outils du travail d'apprenti, qui se composent de la règle de 24 pouces, du maillet et du ciseau.

« La règle de 24 pouces nous apprend moralement à diviser notre temps en trois parties égales, c'est-à-dire :

« Huit heures pour le service de Dieu et un digne frère en malheur.

« Huit heures pour remplir les devoirs de notre profession.

« Et huit heures pour notre récréation et repos. »

Ce sont les trois huit symboliques de la franc-maçonnerie et du socialisme. Ce sont les Anglais qui ont confectionné la franc-maçonnerie pour le rétablissement du trône d'Angleterre ; mais ce sont les Allemands qui revendiquent pour eux la gloire d'avoir fondé le socialisme pour le renversement des trônes.

En effet, en Allemagne on appelle Karl Marx et Friedrich Engels les pères du socialisme.

L'idée de la réduction de la journée du travail à

huit heures, a été émise presque simultanément par
le congrès de Baltimore et par le premier congrès de
l'Internationale, tenus, l'un et l'autre, à quelques
jours d'intervalle en 1866.

Au congrès de l'Internationale, ce fut le conseil
général de Londres qui proposa la réforme, inspiré
par Karl Marx et Friedrich Engels, les deux théori-
ciens du socialisme, à qui l'on devait le *Manifeste du
parti communiste* de 1847, lequel se terminait par ces
mots :

« Travailleurs de tous les pays, unissez-vous !

De même que Marx et Engels, la plupart des
hommes qui dirigent aujourd'hui ce mouvement
international ouvrier, sont de pure origine bour-
geoise.

Pour l'Allemagne on connaît les chefs actuels de
ce mouvement, ce sont Guillaume Liebknecht et
Auguste Bebel, les deux fondateurs de la démocratie
allemande, qui ont peu à peu, absorbé toutes les
forces socialistes et républicaines du vaste empire
fondé par le Fürst Bismarck.

Guillaume Liebknecht est né dans le grand duché
de Hesse, à Gressen, près de Francfort. Il a actuellement soixante-treize ans et appartient à une famille
de bureaucrates et de soldats. En 1848 il prenait les
armes pour la République allemande. Relâché après
neuf mois de prison préventive, il se réfugie en
Suisse. Livré par les autorités helvétiques aux autorités françaises, qui l'embarquèrent pour Londres,
et devint membre de l'*Union des Communistes,* dont
Karl Marx et Engels avaient écrit le *Manifeste* en
1847.

En 1870-1871, il est arrêté avec Bebel et condamné
à dix-huit mois de forteresse pour s'être opposé, de
la tribune du Reichstag, à la continuation de la
guerre contre la France après le 4 septembre et à
l'annexion de l'Alsace-Lorraine. Il est membre du
Parlement et directeur de l'organe officiel du parti
socialiste allemand, le *Vorwärts* (En Avant).

Le nom officiel de ce journal est :

Vorwärts.
Berliner Volksblatt.
Zentralorgan der sozial demokratischen Partei Deuts-
chlands.
En Avant.
Journal du Peuple de Berlin.
Organe central du parti social démocratique d'Allemagne.

Liebknecht a été un des orateurs les plus fougueux
du parlement allemand. Maintenant il a vieilli et le
froid de l'âge est tombé sur lui. Il parle peu et s'il le
fait, c'est avec calme et mesure.

On raconte à son égard plusieurs anecdotes parle-
mentaires. Au grand étonnement des membres du
Reichstag, il déploya un jour du haut de la tribune
parlementaire, le drapeau socialiste. C'était un mou-
choir tout rouge, qu'il avait apporté exprès pour
faire cette petite manifestation. Ses amis l'ont applaudi
et ses adversaires ont beaucoup ri.

Chaque fois que le président du Reichstag doit
crier. « Vive l'empereur ! », tous les députés socialistes sortent auparavant de la salle des séances pour
n'être pas obligés de répéter le cri du président.
Liebknecht, qui passe, presque tout son temps au

Reichstag à écrire ou à lire, oublia une fois de sortir
de la salle avant que le cri réglementaire fut poussé
et cria machinalement aussi : « Vive l'empereur ! »,
mais restant assis, les députés allemands étant forcés
de se tenir debout pour crier : « Vive l'empereur ! ».

Depuis ce jour-là. on nomma un député socialiste
chargé de prévenir ses collègues au moment où ils
doivent quitter la salle des sessions, pour éviter un
autre incident comme celui survenu au député Liebknecht.

Ce député Liebknecht s'assoie toujours sur un des
premiers bancs de ceux qu'on appelle l'*extrême gauche* ;
mais cette part de la salle des sessions du Reichstag,
qu'on appelle *gauche*, est du côté *droit !* Choses d'Allemagne !

Auguste Bebel est né à Cologne en 1840. C'est un
ancien apprenti tourneur ; mais en lui, il ne reste
rien de ce passé ouvrier. Cet homme qui n'a reçu
qu'une instruction élémentaire. dans une école de
village, est aujourd'hui un des plus grands orateurs
du Reichstag allemand. C'est Liebknecht qui a été
son éducateur.

Bebel est entré pour la première fois au Parlement
allemand en 1867 ; ce n'était encore que le Reichstag
de l'Allemagne du Nord. Outre la condamnation qui
le frappa en 1871, avec Liebknecht, pour haute trahison, Bebel a été poursuivi en 1883 et en 1889
comme organisateur de sociétés secrètes.

Les personnes qui vont pour la première fois au
Reichstag, sont fortement étonnées quand on leur
montre le député Bebel. Au milieu d'une confusion
de crânes chauves, brillants de cosmétique ou hir-

sutes, suivants les âges, les habitudes et les opinions politiques, on trouve un tout petit homme, maigre, barbu, avec une grande tête couverte de cheveux grisonnants. C'est le grand député socialiste Auguste Bebel.

Quand il monte à la tribune du Reichstag allemand, Bebel est plus étonnant encore. C'est un flot continu de paroles sonores, vibrantes qui sortent de sa bouche. Ses partisans l'acclament ; ses ennemis le fuient.

Il y a une procédure au Parlement allemand mise en usage par le Fürst Bismarck, depuis bientôt dix ans. Ne pouvant pas répondre avec autant d'éloquence aux attaques du député Liebknecht, le Fürst Bismarck avait pris l'habitude de quitter la salle des séances au moment où son redoutable adversaire montait à la tribune. De même font aujourd'hui les ennemis du député Bebel, quand il prend la parole. Ils désertent en masse de la salle des séances et vont se promener dans les couloirs du Reichstag.

Voyez une des petites phrases galantes que le député Bebel lance toujours à l'adresse du gouvernement impérial et que je relève du compte rendu de la séance du Reichstag allemand du lundi 19 juin 1899.

« Frédéric le Grand dit à ses derniers moments : Je suis las de régner sur des esclaves ; mais le gouvernement d'aujourd'hui ne veut régner que sur des esclaves (Hilarité à gauche ; grand tumulte à droite). »

Il a demandé la parole pour dire ces mots pendant la discussion du projet de loi contre les grévistes, présenté par le gouvernement allemand, projet de loi surnommé : *loi d'esclavage*.

Il y a encore un autre grand orateur au Reichstag allemand. Il n'est pas socialiste ; il est seulement le chef du grand parti libéral. Il s'appelle Eugène Richter. De taille moyenne, trapu, avec un gros nez, il formait avec le feu député conservateur Windthorst, Liebknecht et Bebel, le fameux *quartetto* qui faisait au Fürst Bismarck une guerre implacable. Eugène Richter est député au Parlement allemand depuis 1867.

On a fait beaucoup de propagande socialiste en Allemagne, surtout par des congrès. De ceux-ci, le plus important par ses résultats, a été celui d'Erfurt, tenu en novembre 1891. Dans le congrès d'Erfurt, trois fractions ennemies se sont trouvées face à face. Au centre on trouvait Liebknecht et Bebel, les patriarches de la démocratie socialiste en Allemagne, les organisateurs des victoires électorales et les généraux de la tactique parlementaire.

A gauche prenaient place les anarchistes intransigeants, ceux qui demandent des actes révolutionnaires et dont la majorité était composée des délégués de Berlin, la capitale de l'Empire.

A droite on voyait des *opportunistes*, comme ils s'appellent eux-mêmes, qui veulent serrer ou lâcher les freins, d'accord avec l'opportunité et les événements. Ceux-ci avaient pour chef Wollmar, un riche amateur du socialisme, dont le moindre de ces désirs est de mettre le monde à l'envers.

On a tenu plusieurs sessions dans ce congrès et toutes ont été bien orageuses. Les chefs principaux

des trois partis, se sont adressé mutuellement les
accusations les plus injurieuses et les charges les
plus criminelles. Il y eut des moments où l'on pensa
que tout le monde se battrait à coups de pied et de
poings.

Mais Bebel avec un grand discours termina les
sessions du congrès et, comme le pape, excommunia
ex-cathedra les uns et pardonna les autres. Les premiers,
qui furent les anarchistes, s'en allèrent, ôtant avec
rage la poussière, non pas celle de leurs souliers,
mais celle de leurs pipes ; et les seconds, c'est-à-dire
Wollmar et ses partisans, restèrent formant part du
parti. avec la condition d'obéir en tout aux grands
chefs du socialisme parlementaire, sous peine aussi
d'être bannis des files pour manque d'obéissance.

Le socialisme parlementaire resta donc triomphant. Depuis lors le parti socialiste allemand ne
compte plus les anarchistes comme membres du
même parti. Ces derniers forment bande à part et ne
donnent pas signe de vie. On ne tire pas de bombes;
on ne fait pas écrouler des maisons ; on n'assassine
pas de présidents en Allemagne.

Pour les socialistes allemands on peut dire la
même chose. Ils ne font point de progrès depuis le
congrès d'Erfurt.

Après le congrès d'Erfurt, il n'y a pas de congrès
socialiste à noter en Allemagne, si ce n'est le congrès
de Hanovre. Ce congrès. le dixième des congrès
socialistes allemands, a eu lieu au mois d'octobre
1899, pendant mon séjour en Allemagne et j'ai tenu à
voir, en simple spectateur, les séances de cette réunion des délégués du grand parti social démocrate
allemand.

La réception à Hanovre, des délégués socialistes, est devenue une véritable fête, avec musique, auditions d'associations chorales et production de danses corégraphiques au vélodrome de la ville.

Parmi les délégations on doit noter les compagnonnes Clara Zetkin, Lily Braun-Girzcki, Mary Wengels, Rosa Luxemburg et Louise Zietz, les deux dernières de Berlin et Hambourg.

Le congrès socialiste a tenu ses séances dans la salle du Ballhof, situé dans un vieux quartier de Hanovre, aux ruelles étroites et aux maisons à pignons occupés par des brocanteurs juifs.

La salle présente la physionomie habituelle de ces sortes de réunions en Allemagne. Tentures rouges, buste de Karl Marx et écussons des villes ou se tinrent les principaux congrès socialistes.

Environ deux cent cinquante délégués sont assis autour de grandes tables. Le public très nombreux, occupe des galeries.

Le président, en ouvrant le congrès, montre un peu l'orgueil allemand. « L'univers entier, dit-il, a les yeux fixés sur les socialistes allemands ».

Dès la première séance, on s'aperçoit que les délégués du congrès socialiste sont bien divisés.

Le célèbre Wollmar et ses consorts veulent substituer à la propagande révolutionnaire, les *réformes pratiques,* selon la brochure de M. Edouard Bernstein.

Mais les socialistes intransigeants les accusent de renier les principes socialistes. Ces intransigeants, très nombreux à Berlin et en Saxe, crient à la trahison et disent que c'est la fin du partie socialiste qui perdrait son caractère révolutionnaire et deviendrait peu à peu un parti radical bourgeois.

On met de côté cette question et le congrès s'est occupé alors de la discussion du rapport du comité directeur. Dans ce rapport il faut signaler le passage relatif à la situation budgétaire.

La caisse socialiste a encaissé 118.957 marks, qui ont été donnés par les groupes du parti, pendant le dernière année. De ceux-ci 63.257 marks, ont été donnés par les Berlinois et 55.700 marks par les compagnons du reste de l'Allemagne. Par ces chiffres on doit comprendre que le gros du parti socialiste allemand est à Berlin. En dehors du *Vorwärts*, les autres journaux socialistes ne font pas leurs frais. Ils ont reçu l'année écoulée, 54 000 marks de subvention. Cependant la presse socialiste à 400.000 souscripteurs, dont 21.000 plus que l'année dernière.

Ensuite on communique une lettre des compagnons français saluant leurs frères allemands. Puis, Liebknecht a invité les socialistes allemands à assister en grand nombre au congrès international de 1900, à Paris.

Revenant sur la question soulevée par M. Wollmar, on discute ensuite la tactique à adopter par le parti socialiste. C'est M. Bebel qui se charge de combattre les ennemis de la propagande révolutionnaire. Il parle pendant plus de six heures, combattant avec plus d'énergie la brochure de M. Bernstein qui conseille aux socialistes de ne poursuivre leur but que par des moyens pacifiques. Selon M. Bebel aucune conquête, aucune réforme ne s'est accomplie au monde par des moyens pacifiques. La force, c'est le

7.

moyen de faire des réformes, de faire des conquê-
tes. Les socialistes, ce sont des partisans, des clercs
du Fürst Bismarck.

En terminant M. Bebel propose de voter une résolution d'après laquelle, le parti socialiste continuera
à combattre sans changer son nom, son programme
et sa tactique. M. Liebknecht appuie la résolution
proposée par M. Bebel ; mais il repousse le passage
admettant les alliances électorales.

M. Wollmar, au contraire, justifie les socialistes
bavarois de leur alliance avec les cléricaux aux dernières élections ; mais à la fin de la séance, pour des
questions personnelles, de très vives discussions se
sont produites entre les délégués et pendant une
heure les compagnons et les compagnonnes se sont
injuriés de la plus belle façon. C'était à se tordre de
rire dans les galeries.

Ensuite on passe au vote sur la résolution de
M. Bebel, qui réunit 216 voix contre 21.

Le passage autorisant les compromis électoraux.
est le plus essentiel de cette résolution. Le congrès
de Hanovre n'a eu d'autre objet. C'est la politique de
l'Empereur Guillaume II qui a indu aux socialistes
allemands à adopter la politique des compromis
électoraux.

On sait que d'après la politique de l'Empereur
Guillaume II, dans tous les ballotages, tous les partis
font des compromis pour enlever le triomphe au
parti socialiste.

Maintenant les socialistes feront aussi des compromis et bientôt le résultat des élections en Allemagne
changera radicalement.

Ce sera l'œuvre du congrès de Hanovre.

Il y a une trentaine d'années, que dans les divers congrès socialistes qui eurent lieu à cette époque en Allemagne, présidés par le même Bebel et le même Liebknecht, fut proclamé un *Credo*, sans que le Saint-Esprit prit part naturellement, qui consistait spécialement à abolir le capital et la propriété et à la *nationalisation* du sol et de l'industrie. Un seul patron exploiterait les usines et les fermes et ceci au bénéfice des ouvriers.

C'est la pure philosophie allemande, les élucubrations de Hegel et Schopenhauer, que se délectent à concilier les intérêts opposés et à amalgamer les choses qui se contredisent elles-mêmes.

A cette époque où florissait la vraie doctrine socialiste, le parti n'obtint aux élections de 1881 pour le Reichstag, que 124.700 voix et 12 députés. En 1884 il s'éleva à 550.000 voix et 24 députés. Enfin, toujours en augmentant, il obtint en 1890, 1.427.000 voix et 35 députés.

Une coïncidence curieuse. A chacun de ces triomphes, correspond une modification du *Credo* primitif.

Successivement disparaissent un à un tous les articles trop révolutionnaires et on abandonne les solutions trop idéales.

Si nombreuses sont les suppressions que l'on a faites, qu'enfin, aujourd'hui, la doctrine socialiste allemande reste réduite à ce qui suit :

Le principe est, comme je l'ai déjà dit, la suppression complète du salaire en le remplaçant par le système coopératif de production, selon lequel tous les ouvriers faisant le même labeur, doivent se partager en parts égales le produit de leurs journées industrielles comme agricoles.

Mais comme cette constitution de l'Etat ouvrier peut tarder beaucoup, par causes imprévues, en attendant que tel état de choses soit formé, le parti socialiste parlementaire présidé par les députés Liebknecht et Bebel, se contente de réclamer une amélioration un peu plus modeste.

Celle-ci consiste en une augmentation de salaire et une réduction d'heures de travail par jour. C'est le sens des propositions présentées au Reichstag par les deux chefs et députés socialistes.

Pour l'application de cette réforme on a demandé une administration spéciale pour les ouvriers. Cette administration devait être composée de tribunaux et arbitres chargés de fixer le minimum des salaires en cas de désaccord ; et ces tribunaux, avec d'autres bureaux, constitueront ensemble un ministère chargé de centraliser l'organisation et l'accomplissement des réformes demandées par les ouvriers.

Les socialistes radicaux se montrèrent indignés de cette modification du *Credo* primitif et on appella les députés Liebknecht et Bebel traîtres à la cause du parti ; mais ceux-ci ripostèrent que ces réformes aussi insignifiantes qu'elles apparaissaient à première vue, étaient très difficiles à obtenir.

Les socialistes de Munich, avec Wollmar à leur tête, les considèrent encore un peu exagérées. Et dans le même Reichstag, ces propositions de réforme ont été reçues avec des cris de réprobation par les libéraux nationaux et même par les progressistes.

Voyons maintenant les concessions qu'ont obtenues les socialistes en Allemagne.

A l'époque du grand triomphe électoral, quand on obtint 124.700 voix et 12 députés, en 1881, coïncida le message de l'Empereur Guillaume Ier qui causa une révolution dans la législation ouvrière de l'Allemagne.

Jusqu'alors la solution du problème socialiste avait été reléguée à l'initiative privée, car on n'avait que des banques populaires de différents modèles pour les ouvriers allemands. Par le message du vieil Empereur Guillaume, il fut reconnu par l'Etat, l'obligation d'intervenir dans le conflit du capital et du travail ; de s'ériger en arbitre contre les patrons et les ouvriers et de régler les exigences des premiers et les revendications des seconds.

En décrétant que le ministère de l'intérieur de l'empire, devrait traiter et intervenir dans les questions concernant la condition des ouvriers, l'Empereur Guillaume accepta d'un seul coup le principe même du socialisme démocratique et le principe du socialisme de l'Etat, premier article du *Credo* primitif. Depuis lors, les chefs du parti socialiste, les députés Liebknecht et Bebel, comprirent qu'à la fin, la victoire serait à eux, que le champ de bataille resterait en leur possession.

En effet, avec cette concession du gouvernement impérial allemand et avec le fonctionnement du suffrage universel dans un pays qui avec une population de cinquante millions d'habitants, compte douze millions d'ouvriers, le résultat final ne pouvait être autre que d'avoir une grande majorité dans le parlement et obtenir concessions sur concessions.

Donc après la seconde grande victoire électorale,

quand les socialistes eurent 550.000 voix et 24 députés en 1884, le gouvernement fit adopter les lois d'assurance obligatoire. En 1883 avait été accordée l'assurance contre les maladies. Après, en 1884, on accorda l'assurance contre les accidents, qui d'abord ne fut extensive qu'aux grandes usines ; mais qui ensuite, comprit tous les ouvriers en général. Enfin, en 1899 on accorda l'assurance contre l'invalidité et la vieillesse.

Les rentrées de ces trois caisses, sont constituées par quotes, qu'on prend sur les salaires des ouvriers et par des cotisations des patrons. Pour la première caisse, celle des malades, les patrons donnent la troisième partie et les ouvriers les deux autres. Pour la seconde caisse, c'est-à-dire, les pensions de retraite, on donne par moitié, les ouvriers autant que les patrons. La caisse d'assurance contre les accidents, est formée seulement par les ouvriers.

Pour vérifier les opérations de ces différentes caisses et surveiller l'observations de ces prescriptions légales, il fut organisé un bureau impérial d'assurances, composé de trois membres nommés par l'emreur et de huit membres élus par les ouvriers. Ce bureau est l'embryon du futur ministère qui aura pour tout travail les questions socialistes ou tout ce qui a rapport aux ouvriers.

Après le splendide triomphe des élections de 1890, quand les socialistes arrivèrent à avoir près d'un million et demi de voix et 35 députés, le jeune Empereur Guillaume II présenta au Reichstag une nouvelle série de réformes.

Premièrement le repos du dimanche et jours de

fête. Secondement, réglementation du travail des femmes et des enfants. Et finalement l'admission des ouvriers pour surveiller et examiner les conditions d'exécution des travaux à faire, principalement dans les mines.

Et après ?

Rien !

J'eus l'occasion de connaître M. Liebknecht en Angleterre, en 1896, pendant une excursion de propagande socialiste qu'il fit dans ce pays. Après je l'ai vu plusieurs fois à Berlin, de même que M. Bebel, le député libéral Richter et autres socialistes de moindre importance. De leurs réponses à mes demandes d'investigations sur l'état du républicanisme et du socialisme, en Allemagne, voilà leurs conclusions.

Le mouvement républicain et socialiste en Allemagne, de même que dans l'Europe, est arrêté. Les causes en sont nombreuses. C'est étonnant, mais c'est vrai. Nous avons combattu le Fürst Bismarck par tous les moyens et c'est pendant son gouvernement que nous avons obtenu concessions sur concessions. Après sa chute du pouvoir, l'Empereur Guillaume II seulement nous a accordé le repos du dimanche et jours de fête ; la réglementation du travail des femmes et des enfants et l'admission des ouvriers pour surveiller et examiner les conditions d'exécution des travaux à faire, principalement dans les mines. C'est tout.

L'Empereur Guillaume II a eu peur de notre grand progrès. Il s'est refusé à nous accorder de nouvelles concessions et fit organiser un infernal complot contre nous. Il a fait appel à tous les partis pour se grouper contre nous, de telle façon que dans tous les ballotages des dernières élections pour le Reichstag, nous avons été battus.

« Tous contre les socialistes ».

C'est le cri de guerre poussé par l'Empereur Guillaume II contre nous.

Il s'est aussi exprimé contre nous dans son discours, il y a deux ans, au banquet donné par la Diète de Brandebourg, pour lesquels il a pris, en effet, l'habitude de réserver ses plus énergiques déclarations.

Il nous a invité à enlever la poussière de nos souliers et à quitter le sol allemand. Il a oublié le passé et ne voit pas l'avenir. Ce sont les rois, les empereurs qui secouent la poussière de leurs souliers et partent pour l'étranger. Nous, nous y restons et nous nous y multiplions d'après le précepte de la Bible. Il a réussi pour le moment dans la lutte contre nous; mais nous attendons avec calme notre revanche.

Dans son discours au banquet de la Diète de Brandebourg en 1899, il a dit que, comme un bon jardinier qu'il est, il attaquera, pour les détruire, les bêtes qui veulent ronger les racines de l'empire militaire allemand, planté par von Moltke, sous la direction de Bismarck, dont l'armée allemande se tient devant lui pour le protéger, la main sur le pommeau de son épée. Ces bêtes, ce sont les socialistes. Qu'il nous attaque ; nous sommes prêts au combat. Nous n'avons pas peur de l'armée allemande, qu'il appelle dans son langage biblique : *le Michel allemand.*

Après, c'est le militarisme chaque jour grossissant, qui arrête le républicanisme et le socialisme en

Europe. Cette malheureuse guerre franco-allemande de 1870-1871 en est la cause ! Avant cette guerre, le militarisme européen n'était rien. Maintenant il est effroyable. Il est organisé apparemment pour la guerre internationale ; mais il n'est plus qu'un système de répression sociale, bien dangereux pour nos libertés intérieures. Et que faire ? Il n'y a pas de remède. La conférence de la Haye, réunie par l'initiative de l'Empereur de Russie, et destinée à résoudre la question de la limitation des armements de l'Europe et à rechercher les moyens de prévenir les calamités qui menacent le monde entier par suite des dépenses militaires excessives, sera lettre morte. Elle ressemble fortement à la conférence réunie à Berlin par l'Empereur Guillaume II pour essayer de résoudre la question du travail ouvrier, cause de la chute du pouvoir du Fürst Bismarck. Qui tombera du pouvoir à cause de l'échec de la conférence de la Haye ?

Allez dire en France : « Diminuez vos forces ». Si vous êtes Français, on vous appellera traître, vendu à l'étranger. Si c'est nous qui le disons, voilà la réponse :

« C'est ce que vous voulez ; une France sans armée, pour être sûrs de garder l'Alsace-Lorraine pour toujours et nous prendre un autre morceau de notre territoire. On vous connaît ».

En France on pense, on croit généralement que la triple alliance a été faite pour empêcher les Français de reconquérir l'Alsace-Lorraine. Quelle erreur ! La triple alliance n'a pas été faite contre la France. Elle a été faite contre la République, contre le républicanisme.

. Vous avez connaissance des dernières émeutes de Milan. Les socialistes ont eu le dessous, bien que ce soit en Italie que se fasse le plus grand travail républicain et socialiste de l'Europe.

Et bien, le jour où la République sera établie en Italie, ce jour-là éclatera la grande guerre européenne. L'Autriche-Hongrie et l'Allemagne, selon les clauses de la triple alliance garantissent au roi Humbert la stabilité dans son royaume d'Italie. C'est le but de la triple alliance. La France interviendra alors en faveur de la République Italienne et voilà la guerre générale allumée en Europe.

Nous ne voulons pas cette guerre. Le militarisme en sortirait triomphant. En France on la veut, parce qu'on pense là-bas que les républicains et socialistes allemands et autrichiens ne combattront pas contre la France.

C'est une autre erreur. Wollmar, à Munich, a dit plusieurs fois, que les socialistes allemands prendront les armes le jour néfaste d'une guerre contre la France. Ne les prendront-ils pas aussi les républicains et socialistes français contre nous ?

La tâche de nos gouvernements allemands et français c'est d'exciter la haine entre les deux grandes nations. Pendant tout le temps que cette haine existera, le militarisme survivra.

On s'est trompé en France. On a pensé qu'en organisant une grande armée, la reprise de l'Alsace-Lorraine était œuvre facile. On la fait chaque jour plus difficile. Peut-être la reconquête de l'Alsace-Lorraine aurait été facile par le républicanisme. Si la France n'avait pas formé une grande armée, la

République aurait déjà été proclamée depuis longtemps en Allemagne. Mais si vous dites cela en
France, on vous appellera vendu à l'étranger.

L'armée ne joue pas le même rôle dans tous les
pays. Les Etats-Unis sont constitués par une démocratie, de même que le Royaume-Uni de Grande-
Bretagne et d'Irlande est établi au bénéfice d'une
puissante aristocratie. Et l'armée, en très petit nombre, dans ces deux pays, n'est qu'une force publique,
chargée de maintenir l'ordre dans le cas où la police
est débordée par l'émeute. En cas de guerre, on
appelle les milices et les volontaires. Il n'y a pas de
service obligatoire.

Mais en Russie, mais en Allemagne, l'Etat, l'Empire
est constitué par l'armée. Sans armée, il n'y a plus
d'empire russe, il n'y a plus d'empire allemand.
Cela se comprend, c'est tout naturel.

Et bien, quel rôle joue l'armée dans la République
Française ?

Il doit être ce qu'est l'armée en Angleterre et dans
les Etats-Unis ; mais la République Française con-
stituée par une démocratie, veut tenir son armée
comme celle de l'Allemagne ou de la Russie. Voilà
pourquoi en France on s'est trompé de chemin, voilà
pourquoi l'Europe est militarisée et nous ne pouvons
pas proclamer la République en Allemagne.

Nous condamnons nos enfants à s'abrutir, des
années durant, dans des casernes, où ils perdent le
goût du travail et desapprennent les vertus civiques.
Comment voulez-vous qu'avec des citoyens pareils
nous puissions faire une république en Allemagne ?

CHAPITRE VII

« STUDIOSUS » OU LES GRANDS ÉTUDIANTS
ALLEMANDS. — L'ENSEIGNEMENT EN ALLEMAGNE

On dit en France que Paris est le grand centre
intellectuel du monde. C'est vrai ; mais on doit comp-
ter aussi Berlin comme un grand centre intellectuel.

Si vous venez à Berlin et si vous ne restez qu'à
l'hôtel, vous ne trouverez dans ces grands établissements que des personnes de passage, qui comme les
hirondelles attendent l'hiver pour partir, pour aller
dans d'autres climats, où la saison de la neige n'est
pas aussi longue et rigoureuse.

Pour avoir connaissance du monde qui étudie et
apprend à Berlin, il faut aller dans les pensions,
visiter ces petits hôtels de famille et être au courant
de la vie qu'on y mène. Ces petits hôtels sont situés
presque dans tous les quartiers de la ville et presque
toujours aussi dans le troisième étage des grandes
maisons de Berlin.

On trouve, cependant, la plupart de ces petits
hôtels, dans le *quartier latin*. Berlin, comme Paris,
ayant son *quartier latin* et tout ce qu'on y trouve au
quartier latin de Paris.

Le nombre des étudiants étrangers qu'on rencontre
dans ces petits hôtels de famille, est extraordinaire.
Parmi ces étudiants, les Russes sont très nombreux.

Dans le programme de la *Königliche Technische Hochschule zu Berlin* (Grande Ecole Royale Polytechnique de Berlin), sise à Charlottenbourg, pour l'année scolaire de 1898-1899, on y trouve que 293 étudiants étrangers ont suivi les cours de cette école. De ces 293 étudiants étrangers, 122 sont Russes. Il y a aussi deux étudiants français dans le département des ingénieurs.

Dans les autres grandes écoles de Berlin, les étudiants russes sont dans la même proportion, à l'égard des autres étudiants étrangers. Après les Russes, viennent par ordre de nombre les étudiants d'Autriche-Hongrie, de Norwège, de Roumanie, de Suède, de Suisse, du Luxembourg, des Etats-Unis d'Amérique, etc.. etc., c'est-à-dire de presque toutes les nations du monde.

La vie, la façon de se conduire des grands étudiants allemands, n'est pas pareille à celle des grands étudiants français En Allemagne on ne voit jamais les grands étudiants se livrer à des manifestations d'un caractère politique. On ne manifeste pas sur la voie publique ; on ne fait pas de monomes ; on ne dépose pas des centimes obligatoires dans des pots de fleurs ; on ne précipite pas. dans le fleuve qui traverse la ville, des bustes donnés pour modèles dans les compositions de dessin ; on ne conspue pas les auteurs qui ont fourni matières aux diverses épreuves de l'examen ; on ne fait pas d'immenses feux de joie avec des lanternes ; on ne chante pas dans la rue ; enfin on ne prend pas de cerises à l'eau-de-vie chez la mère Moreaux. En Allemagne on ne boit que de la bière.

Les grands étudiants allemands sont grouppés en corps, cercles, clubs ou associations. Ces grouppements portent de vieux noms de l'Allemagne, qui n'ont pas d'importance, comme *Teutonia*, *Germania*, *Saxonia*, *Bavaria*. *Borrussia*, *Pomerania*, etc., etc. Dans les couloirs des grandes écoles. on voit des placards en couleurs encadrés et cloués aux murs. Ce sont des avis pour faire savoir aux étudiants le lieu de réunion habituel de leur groupe.

Ces associations sont consenties et autorisées par le principal du collège ou école ; mais sont limitées aux étudiants : Si quelqu'un n'appartenant pas à l'école y est reçu membre de l'association, celle-ci est dissoute. On en a vu le cas à Berlin. Après la sortie de l'école, on y reste membre de l'association pour toujours. Le Fürst Bismarck a envoyé, jusqu'à sa mort, toutes les années, une somme d'argent pour la caisse commune de l'association dont il a été membre dans sa jeunesse. On appelle les membres de ces associations qui ont quitté l'école *die alten Herren* (Les vieux messieurs).

Le lieu de réunion des grands étudiants allemands, est toujours une brasserie. On ne va pas à la brasserie seulement pour boire de la bière et fumer la pipe. Certainement que les grands étudiants allemands boivent de la bière et fument la pipe dans les brasseries ; mais leur objet principal quand ils visitent ces lieux, c'est surtout de se battre.

Depuis la guerre 1870-1871 avec la France, il souffle un esprit de guerre effroyable dans les grandes écoles d'Allemagne. Tous les grands étudiants allemands ont envie de se battre. Je suis allé quelquefois

voir des duels d'étudiants. Leurs duels sont des
leçons d'escrime. On se bat toujours au sabre ;
jamais avec des pistolets ou des révolvers.

Le combat ne s'arrête pas à la première goutte de
sang. Le duel doit être de *ein viertel* ou de *halbe Stunde*
(d'un quart ou d'une demi-heure). Si un des adversaires est blessé avant le terme réglementaire, on le
panse, on boit de la bière, on fume la pipe et après
on continue à se battre. On ne doit blesser son adversaire qu'à la face, aux joues.

C'est défendu de toucher son adversaire au bras
ou au corps. Le grand étudiant allemand doit porter
au moins une blessure sur la face. Il y en a plusieurs
qui en portent deux et même trois. S'il a fini ses
études ; s'il va quitter l'école sans avoir été balafré,
il n'est pas un étudiant comme il faut. Il doit se
couper lui-même la figure avec un canif ou un
rasoir. C'est la marque. le distinctif, le cachet, le
tatouage d'avoir passé par l'école.

J'ai vu en Allemagne et surtout à Berlin, des étudiants avec des enfilades affreuses à la figure. J'ai vu
aussi des professeurs avec une ou deux cicatrices à
la face. Ce sont d'anciens étudiants qui sont devenus
professeurs aux écoles.

Ce n'est pas possible aux personnes qui ne sont
pas habituées, de rester très longtemps dans une
brasserie quand il y a séance de duel. Les étudiants
y sont très nombreux et ils fument tous. La fumée
y est si épaisse, qu'on pense être à Londres par un
jour de brume où il faut allumer les reverbères à
midi trois quarts.

Les grands étudiants allemands portent toujours

deux signes distinctifs. Ces signes consistent, dans l'Allemagne du Nord, en une petite casquette très plate, que vous prendriez volontiers pour une assiette et un ruban en écharpe.

Chaque groupe d'étudiants a une couleur différente pour ses insignes. Ces couleurs sont vert, rouge, bleu, jaune, gris foncé, blanc, noir, orange, violet, c'est-à-dire toutes les couleurs de l'arc-en-ciel.

Le public qui ne connaît pas les noms des clubs des étudiants, appelle ceux-ci par la couleur de leurs casquettes. Ceux qui portent la casquette verte, ce sont des perroquets ; la casquette rouge, ce sont des cardinaux ; la casquette jaune, ce sont des serins ; la casquette gris foncé, ce sont des moineaux ; la casquette blanche, ce sont des cygnes ; la casquette noire, ce sont des corbeaux, etc., etc., Dans l'Allemagne du Sud, la casquette est remplacée par le béret avec plume.

La casquette ou le béret est le signe distinctif ordinaire du grand étudiant allemand. Pour les jours de grande fête, ils endossent des uniformes très coûteux, chaque groupe ayant son uniforme particulier. Il y en a quelques-uns qui sont très jolis. Chaque groupe a aussi son étendard en soie avec des broderies en or.

A ces grandes fêtes, on ne se rend qu'en voiture découverte. On y amène aussi l'étendard en voiture découverte. Pour la sortie on fait de même. J'ai eu l'occasion de voir une de ces fêtes dans le *Türkischer Zell.* (Le pavillon Turc), dans la *Berliner Strasse* (Avenue de Berlin), tout près de la grande école polytechnique, située dans la même avenue. Ce fut une fête très réussie. On s'est très bien conduit.

Une vieille femme voyant défiler ces étudiants si bien mis, ne put s'empêcher de dire :

— Mais ce sont des princes ! N'est-ce pas ?

— Oui, lui répond un voisin, ce sont des princes de la bière !

Les grands étudiants allemands organisent aussi de clubs de danse. Je donne ici la traduction d'une invitation pour un grand bal du *Club Méphisto*, de Berlin. C'est un échantillon de l'esprit allemand :

CLUB MÉPHISTO

A la Gloire du Grand Architecte de l'Enfer.

Nous, BELZÉBUTH Ier

Chef des Méphistos. Empereur de l'Enfer et Roi du Monde.

Nous présentons nos salutations empressées et invitons tous ceux qui nous portent affection, à la somptueuse fête de l'anniversaire de Sa Douceur Notre Grand'Mère, qui se présentera en personne pour se réjouir des hommages de ceux de ses sujets qui prendront part à l'infernale fête.

Nous donnons par faveur spéciale, à nos chers sujets leurs formes normales terrestres.

Nos maîtres de cérémonie donnent au dos tous les renseignements nécessaires.

BELZÉBUTH Ier I. R.

AVIS

Par ordre de Sa Charbonnalité Infernale.

BELZÉBUTH Ier

Le samedi 3 mai 1900.

Dans la grande Salle du Restaurant, Jardin de l'Empereur Guillaume, Rue de Lützow, n° 89.

UN JOUR DE FÊTE DANS L'ENFER

Fête de costume à l'occasion de la célébration de l'anniversaire de :

Sa Douceur la Grand'Mère de l'Enfer.

Les estimables invités à la fête sont priés de se présenter en costume, choisissant dans les groupes ci-dessous.

Commencement : 9 heures.

Fin : 13 minutes après la fin.

Le prix de descente à l'Enfer, inclus l'entrée, est de 50 pfennig (62 1/2 centimes).

A tous les coins on trouve moyen de faire le voyage à l'enfer par nos éclairs huileux.

LES MAITRES DE CÉRÉMONIE.

Groupes :

Hommes	Dames
Diables	Anges
Sorciers	Armée du Salut
Moines	Religieuses
Bourreaux et pendus	Bohémiennes
Bohémiens.	

Grandes Surprises. — Panoptiques. — Barraques. — Bandes de musique. — Narrations Amusantes. — En un mot, toutes sortes de divertissements.

A minuit :

Grande Procession. — Cour de Félicitation.

On dit qu'en France tout finit par des chansons. En Allemagne tout finit avec de la bière. Ceci ne veut pas dire qu'on ne chante pas en Allemagne. Les grands étudiants allemands chantent beaucoup. La plus populaire de leurs chansons est *Das Bienenhaus* (La Ruche).

> Mein Herz das ist ein Bienenhaus.
> Die Mädchen sind darin die Bienen.
> Sie fliegen ein, si fliegen aus,
> Grad'wie in einem Bienenhaus.

Ce qui littéralement veut dire en français :

> Mon cœur est une ruche.
> Les jeunes filles y sont les abeilles.
> Elles volent dedans, elles volent dehors,
> De même que dans une ruche.

Les grandes étudiantes allemandes ont tourné la chanson à leur profit. Elles chantent :

> Mein Herz das ist ein Affenhaus.
> Die Affen sind darin die Männer.
> Sie gehen ein, sie gehen aus,
> Grad'wie in einem Affenhaus.

Ce qui signifie :

> Mon cœur est une cage de singes.
> Les singes y sont les jeunes hommes ;
> Ils y entrent, ils y sortent.
> Comme dans une cage de singes.

Un amant tourna aussi la chanson pour s'adresser
à sa bien aimée :

> Mein Herz das ist kein Bienenhaus.
> Die Mädchen sind da nich die Bienen.
> Es flog nur eine ein, nich aus,
> Nich voie es ist in Bienenhaus.

> Mon cœur n'est pas une ruche.
> Les jeunes filles n'y sont pas des abeilles.
> Rien qu'une y est entré et pas sortie,
> Et non comme dans une ruche.

Voilà un autre couplet bien senti, œuvre des
grands étudiants allemands :

> Denkst Du vielleicht, ich lieb'Dich nicht.
> Und treibe mit Dir Scherz.
> So zünde eine Lampe an,
> Und leuchte mir in's Herz !

> Crois-tu, peut-être, que je ne t'aime pas
> Et que je ne fais que rire avec toi ?
> Alors, prends une lanterne, allume-la,
> Et éclaire-moi le cœur.

L'Allemagne est le pays des *Ansichtskarten* (Cartes
postales illustrées). L'industrie privée y livre au
public d'innombrables cartes postales illustrées,
dont on raffole de ce côté du Rhin. Elles représentent
des vues photographiques de monuments, de paysa-
ges, des personnages historiques et des caricatures.
On livre aussi des cartes postales avec des illustrations de ces chansons.

On ne fait pas de brimades dans les écoles allemandes ; mais on raconte toujours des anecdotes
des grands étudiants allemands, plus ou moins
piquantes, et j'en donne quelques-unes,

Un grand étudiant allemand du *Französisches
Gymnasium* (Collège Français) avait passé son examen de langue française et avait obtenu le prix
d'excellence. Invité à une fête chez une famille française, il fut convié à dire quelques paroles en français au moment de boire à la santé de la maîtresse
de la maison. Il s'exprima de la façon suivante :

— Je bois, madame, à la santé de vous ; à la santé
de le mari de vous ; à la santé de le garçon de
vous ; et à la santé de tous les vous de vous.

Un grand étudiant français était venu à Berlin,
pour apprendre l'allemand dans le même *Französö-
sisches Gymnasium*. Il avait vu que les Allemands
employaient beaucoup de mots français comme *pardon, adieu, etc., etc.* Cet étudiant pensa qu'il pouvait
aussi dire partout en Allemagne *merci*. Ayant besoin
d'aller souvent chez un épicier pour acheter des
provisions, après avoir payé, au moment de sortir,
il disait toujours :

— Adieu, *merci.*

L'épicier allemand intrigué, ne sachant pas la signification du mot *merci*, la demande à d'autres étudiants allemands :

— Qu'est-ce que veut dire votre camarade français
avec son *merci* ?

— Comment, vous ne savez pas ce que vous dit
l'étudiant français avec son *merci* ? Il vous dit *Fuchs
Haare* (Poil de carotte).

L'épicier ne se le fit pas dire deux fois. Il chercha
un long bâton et la prochaine fois que l'étudiant
français lui dit :

— Adieu, *merci*, il prit son long bâton et par dessus le comptoir, le frappa, criant tout en colère :

— Ah ! cochon de Français, prend ça, ça t'apprendra à m'appeler une autre fois poil de carotte !

Un paysan polonais était venu à Berlin pour ses affaires. Après avoir écoulé les produits de sa ferme, il se promena un peu par la ville. Au but de sa promenade, il arriva au *Thiergarten* et eut envie de fumer. Il était en train d'allumer sa pipe après l'avoir bien bourrée avec du tabac de Hambourg (tabac à bon marché), lorsqu'il rencontra de grands étudiants qui lui tinrent ce langage.

— Est-ce que vous voulez aller en prison et ne pas retourner chez vous ?

— Moi ! répondit le paysan, pas du tout.

— Alors, pourquoi êtes-vous en train d'allumer votre pipe ? Ne savez-vous pas qu'il est défendu de fumer dans le *Thiergarten* ?

— Donc, on ne fume pas à Berlin ?

— Mais, oui, on fume bien à Berlin ; mais l'Empereur a fait une rue exprès pour fumer.

— Vraiment ? Et comment s'appelle cette rue, s'il vous plaît ?

— C'est la Rauch Strasse (La Rue de Rauch, la Rue pour fumer). Ce n'est pas loin d'ici ; vous pouvez aller là et fumer pendant tout le temps qu'il vous plaira ; mais si vous fumez dans un autre endroit à Berlin, on vous emmènera au dépôt.

Le paysan se renseigna sur la direction à prendre pour arriver à la rue de Rauch et se mit en route.

Rauch (Fumé) est le nom d'un sculpteur allemand (1777-1857). Il y a à Berlin un musée qui porte son nom. Sa statue se trouve aussi dans le couloir d'entrée de l'Altes-Museum (Vieux Musée). Son œuvre la plus grandiose est la Friedenssäule (La colonne de la paix) dans la Belle-Alliance-Platz (La place de la Belle-Alliance, *Belle-Alliance*, nom qu'on donne en Allemagne à la bataille de Waterloo). On a donné le nom de Rauch à une des plus belles rues de Berlin.

Le paysan arriva à la rue de Rauch et après avoir bien regardé le nom de la rue, pour ne pas se tromper, alluma sa pipe. Il se promena longtemps dans cette rue, avec ostentation. Il était content de sa bonne fortune de pouvoir fumer à son aise.

Un sergent de ville fut fort intrigué de voir le paysan se promener aussi longtemps dans la rue de Rauch avec le sourire aux lèvres et il lui demanda :

— Qu'attendez-vous, bon homme ? Il y a longtemps que vous vous promenez dans cette rue.

— Je n'attends rien ; je n'attends personne. Je fume ma pipe. Je ne veux pas aller en prison.

— Aller en prison ? Pourquoi ?

— Pour fumer en dehors de la rue de Rauch.

— Bah ! bonhomme, vous pouvez vous en aller et fumer partout où il vous plaira. Il n'y a pas de défense de fumer à Berlin.

Le paysan s'en alla en fumant ; personne ne lui dit mot. Il trouva que le sergent de ville avait dit vrai et que les grands étudiants du *Thiergarten* s'étaient moqués de lui.

Le jour suivant il voulut voir un musée. Il entra dans celui de la *Königgrätzer Strasse*. (rue de Königgrätz ; *Königgrätz*, nom qu'on donne en Allemagne à la bataille de Sadowa). Une fois dedans, le paysan alluma sa pipe tout en regardant les riches collections d'objets de toutes les nations du monde. Un des gardiens du musée le surprit, la pipe à la bouche, et lui dit :

— Ne savez-vous pas qu'on ne fume pas ici ?

Le paysan répondit ;

— Vous voulez vous moquer de moi. Etes-vous un des étudiants du *Thiergarten*. A Berlin il n'y a pas défense de fumer. Je fume ici ; je fume partout.

— C'est vous qui vous moquez de moi. Attendez, je sors *ein moment* (un moment), pour appeler un sergent de ville.

— Appelez-le, votre sergent de ville. Ce sera un autre étudiant moqueur comme vous.

Le gardien revint avec un sergent de ville et le pauvre paysan polonais fut amené au dépôt. La-bas, il dit au commissaire de police :

— Berlin est une drôle de ville. Les sergents de ville sont aussi moqueurs que les étudiants. Un sergent de ville m'a dit hier : « Fumez partout où il vous plaira » et un autre sergent de ville m'amène au dépôt pour avoir fumé. Je ne reviendrai plus à Berlin. J'écoulerai ma marchandise en Autriche.

Le pauvre paysan polonais se tira d'affaire avec une amende de trois marks (3 fr. 75 c.). En Allemagne, il n'y a pas encore de loi Bérenger.

Chaque grand étudiant allemand doit avoir une panoplie d'armes. Ces armes sont infailliblement un sabre de combat, et une pipe dont le tuyau doit être au moins d'un mètre de long. Au-dessous de cette panoplie d'armes, on trouve toujours ce couplet ;

Wer Apfel schällt und sie nicht isst ;
Bei Iungfrau sitzt und sie nicht küsst ;
Beim kühlen Bier und schenkt nicht ein,
Das muss ein dummer Teufel sein !

Celui qui pèle des pommes et ne les mange pas ;
Qui est assis à côté d'une jeune fille et ne l'embrasse pas ;
Qui a de la fraiche bière près de lui et ne s'en verse pas ;
Celui-là doit-être un diable sot !

Quelques-uns y ajoutent ces vers qu'on attribue à
Luther, écrits sous le pseudonyme du chevalier
Georges, mais que d'autres disent-être de Goethe.

Wer nicht liebt Wein, Weib und Gesang
Der bleibt ein Narr sein Leben lang.

Celui qui n'aime ni le vin, ni les femmes ni les chansons.
Reste un fou toute sa vie.

Quelques autres y ajoutent la vrai maxime de
Luther :

Trink und iss, Gott nicht vergiss

Bois et mange ; et n'oublie pas Dieu

Le grand étudiant allemand n'allume jamais sa
pipe chez lui. Dans sa chambre il ne doit jamais y
avoir d'allumettes. Quand il veut fumer chez lui, il
prend sa pipe après l'avoir bien bourrée, l'attache à
une ficelle qu'il tient exprès pour cet usage, ouvre
la fenêtre de sa chambre qui donne sur la cour de
la maison, descend sa pipe et appelle le concierge.

— *Herr Portier* (Monsieur le concierge), crie-t-il,
Bit'e (s'il vous plaît) allumez-moi ma pipe.

Le concierge allume la pipe et le grand étudiant
allemand la remonte et fume. Chaque grand étudiant
allemand paie son concierge pour cette besogne un
mark (1 fr. 25) par terme. Les termes en Allemagne
ne sont pas comme en France, pour la Saint-Jean
ou pour Noël. On dit le terme d'été, du 1er avril au

30 septembre et le terme d'hiver du 1er octobre au
31 mars.

Le papier à lettre des grands étudiants allemands
porte toujours un monograme à deux lettres entrelacées. Ce sont les initiales F (*Freiheit*-Liberté) et E
(*Ehre*-Honneur). L'étudiant allemand est libre, c'est
vrai ; mais il doit par force être soldat et cette liberté,
l'Allemagne l'a imposée au monde.

On n'aime pas beaucoup l'internat en Allemagne
et l'on voit très souvent les grands étudiants allemands des deux sexes, se promener ensemble après
leur sortie du collège. Quelquefois ces promenades
on un final inattendu, si l'on doit croire ce que racontent les journaux de ce pays. J'emprunte à un des
journaux de Berlin le fait suivant, dont le théâtre a
été une de ces nombreuses rues de la grande ville,
qui comme l'*Unter den Linden* ont une large promenade au milieu de la chaussée.

Amour et... horions. Une scène amusante se déroula dans la *Kleist Strasse*. Dans la promenade du
milieu de cette rue, allait un jeune, très jeune petit
couple. A leur attitude, à leur physionomie, à
leurs regards, on reconnaît que ce sont des amoureux. *Lui* un élève de nos plus grands *gymnasiem*.
Elle une élève aussi d'une grande école supérieure.
Lui (il) portait une boîte à violon. *Elle*, sa carte de
musique ; mais les deux mains qui restaient libres
se reposaient tendrement l'une sur l'autre et de
temps en temps échangeaint des serrements, pendant que les regards de leurs yeux limpides se rencontraient fous d'un amour tout platonique.

La conversation était bien animée. Elle disait :

— Ma maîtresse de musique m'a grondée aujourd'hui. J'ai joué très mal le piano ; je ne voyais pas les notes ; j'ai pensé tout le temps à toi.

Lui (il) répondait :

— C'a été de même chez moi. J'ai joué le violon très vite pour en finir promptement et ne pas manquer le rendez-vous à.....

On lui coupa la parole.

Un pas qu'ils n'avaient pas entendu venir, heurta le sol tout près des deux amoureux. C'était une dame âgée qui soudainement arriva à pas de loup derrière eux. A peine avait-elle rejoint les deux promeneurs, que son ombrelle siffla plusieurs fois en l'air s'abattant avec fracas sur le dos du collégien de 15 ans. Le jeune amoureux se retourna épouvanté et croyant sans doute, au premier moment, avoir à faire avec Satan lui-même, prit congé et se sauva avec une rapidité fabuleuse ; mais l'ombrelle continua alors ses exercices de danse sur le dos de la charmante élève.

Vous avez compris, celle qui avait fait danser son ombrelle, était la mère de la jeune fille, qui passant par hasard par la *Kleiststrasse*, avait surpris ce petit couple d'amoureux.

Il n'y a pas une grande différence entre l'enseignement français et l'enseignement allemand. L'enseignement public allemand commence par l'école communale (*Gemeinde-Schule*). Après viennent les *Real-Schulen*, les *Ober Real-Schulen*, les *Gymnasien* et les *Real-Gymnasien*. On donne dans les *Gymnasien* et *Real-Gymnasien* l'enseignement classique et dans les *Real-*

Schulen et *Ober Real-Schulen* on reçoit l'enseignement
moderne. Dans les premiers on est forcé d'apprendre le grec et le latin et dans les seconds le français
et l'anglais.

Dans les *Gymnasien* et *Real-Gymnasien* et les *Real-
Schulen* et *Ober Real-Schulen*, l'argent à payer par les
élèves est le même qu'on paie dans les collèges des
Universités de France.

Les *Handel-Schulen* (Ecoles de commerce) sont des
écoles privées. On va dans les *Handel Schulen* après
avoir quitté le *Real Schule* et l'*Ober Real-Schule*. On y
apprend le français et l'anglais ; on y fait des factu-
res, de la correspondance commerciale et on y apprend la tenue des livres. On sort de la *Handel Schule*
pour aller dans le commerce.

On se trompe avec le nom des *Militär Pedagogien*.
Ils ne sont pas établis pour faire des militaires.
C'est tout le contraire. Les *Militär Pedagogien* sont
pour des élèves en retard, qui ont quitté l'école sans
avoir pu passer leurs examens. Ils passent leurs examens après une année d'études dans le *Militär Peda-
gagium*. Cet examen leur donne le privilège qu'on
tous les élèves allemands, après leurs examens, de ne
faire qu'*une année* de service militaire. Les *Militär
Pedagogien* sont des écoles privées et fort chères.

Pour les enfants pauvres, sans ressources, après
qu'ils ont quitté la *Gemeinde-Schule* (l'école communale), il y a les *Städtische Fortbildungschulen* (écoles
complémentaires). On y apprend les mathématiques
élémentaires et la tenue des livres.

Pour les ouvriers il y a les *Stadtische Handwerker
Schulen* (écoles communales pour ouvriers) ou on

enseigne le dessin dans toutes ses branches, les mathématiques élémentaires, la mécanique, la peinture décorative, le modelage, la maréchalerie, etc. Dans ces dernières écoles, les ouvriers payent de 3 à 6 marks (3 fr. 75 à 7 fr. 50), par semestre.

L'imagination allemande est fort riche en conceptions. Elle a créé des écoles privées pour tous les métiers. On trouve donc en Allemagne des écoles de tailleurs pour hommes et pour dames, de coiffeurs, de barbiers, de friseurs, de cuisiniers et cuisinières, de bonnes, etc., etc. Dans ces dernières écoles, la jeune fille qui veut devenir bonne, apprend à faire des lits, à balayer, à laver et à essuyer la vaisselle, à habiller les enfants, à ouvrir vite la porte quand on sonne, à bien répondre à la maîtresse de la maison, etc., etc.

Toutes ces écoles sont concevables. Mais il y en a d'autres bien drôles. On trouve en Allemagne des écoles pour apprendre à être bohémienne, à tirer les cartes et examiner la main pour prédire l'avenir, à jetter le plomb fondu avec adresse dans la cuvette d'eau le 1er jour de l'an, etc., etc.

Dans toutes les écoles d'Allemagne il y a des heures de récréation. L'étranger qui visite une de ses écoles au moment de la récréation, pense y trouver des enfants qui jouent, qui crient, qui courent, etc., etc. On se trompe. On n'y voit que des jeunes filles ou des garçons qui se promènent bras dessus bras dessous très gravement comme des militaires marchant au pas.

Si on demande le motif de ces promenades journalières, le maître d'école répond :

— Tout ce monde grandira. Après, on doit aller

au théâtre. Dans tous les théâtres d'Allemagne il y
a des foyers à tous les étages. On apprend à l'école
à bien se promener dans les foyers des théâtres. Les
garçons deviennent plus tard des soldats. Ils appren-
nent aussi de bonne heure à bien marcher au pas.
C'est pourquoi dans nos écoles tout se fait comme
dans une caserne. Entrez, venez voir, dit le professeur à l'étranger, comme sont dressés nos enfants.

L'étranger entre dans une classe pleine d'enfants.

— Auf !

Dit le professeur et tous les enfants se lèvent
comme mus par un ressort.

— Ab !

Crie le professeur et tous les enfants s'assoient
comme si on les eut tirés en même temps par le
fond de leur culotte.

— Voyez-vous, reprend le professeur, on parle à
nos élèves comme à des soldats et ils obéissent
comme des militaires. Chez nous la discipline est
très sévère. Ce n'est pas comme en France. Ici on ne
plaisante pas à l'école.

C'est vrai que quelques élèves ne veulent pas se
soumettre à notre discipline, mais alors ils sont ren-
voyés de l'école. Nous ne gardons pas ici des garçons malappris.

— Mais, c'est un déshonneur...

— Oh ! non, pas chez nous. Le Fürst Bismarck a
été renvoyé de l'école quatre fois. Et après, on ne
manque jamais d'élèves. Nous en avons toujours
plus qu'il nous en faut.

Ce n'est pas la discipline qui est très sévère dans
les écoles allemandes ; c'est la brutalité des maîtres.

Ils appliquent aux élèves des giffles, des coups de poing et des coups de pied en les traitant grossièrement. Pendant mon séjour en Allemagne, on a parlé d'une circulaire secrète que l'Empereur Guillaume II aurait fait adresser à tous les maîtres d'écoles pour les inviter à ne pas abuser des châtiments corporels. On a dit que la peine du fouet était encore en vigueur dans les écoles d'Allemagne. Je n'ai jamais entendu parler que des giffles, des coups de poing et des coups de pied, jamais du fouet ou de la baguette de jonc.

Il y a aussi des écoles de danse dans toute l'Allemagne, dans lesquelles on fait tous les commandements en français. Avant d'apprendre à danser, on enseigne aux enfants, comment on fait pour inviter. Les jeunes filles sont alignées d'un côté et les garçons en face. Le maître de danse leur ordonne alors de faire une révérence, les deux mains pendantes. Si l'on a de la gaucherie, on doit recommencer jusqu'à faire une révérence comme il faut. L'invitation pour danser se réduit à une révérence dans le monde allemand. Le chevalier fait une révérence. La dame se lève et fait une autre révérence. L'invitation est faite et acceptée. On danse. La révérence ou salutation allemande est de mettre le corps en équerre.

Les Allemands ont la prétention que l'Allemagne est le pays de la musique. En effet, on enseigne beaucoup la musique en Allemagne. On y trouve partout de *Konservatorien für Musik und Gesang* (conservatoires de musique et chant). Ne pensez pas que ce sont de grands établissements avec une dotation convenable de professeurs. Le plus souvent le conservatoire pour musique et chant ne possède qu'un seul professeur et directeur pour enseigner le chant, le piano, le violon, le violoncelle, la flûte, la mandoline, la guitare, etc. etc. Cependant, on trouve aussi des professeurs très modestes qui se limitent à mettre sur la porte de leur maison une plaque qui dit : *Musik-Lehrer* (maître de musique).

On enseigne beaucoup le français dans les écoles allemandes ; mais ces professeurs de la langue française sont des Allemands qui ont appris le français soit en France, soit en Allemagne. Ils n'ont pas l'accent français et on raconte des anecdotes fort gaies se rapportant à leur mode d'enseignement.

Un de ces professeurs dans une *Ober Real Schule* de Berlin, M. le Dr Gropp, était en train de réciter à ses élèves un morceau de l'histoire de France. Les élèves devaient écrire la récitation. Le professeur choisit pour thème le passage de l'assassinat du duc d'Orléans. Il récita :

« Vers huit heures du soir, par la profonde obscurité d'une nuit du mois de novembre, le duc d'Orléans sortait de chez la reine, monté sur une mule, sorte de moyen de transport fort ordinaire à cette époque. Il n'avait d'autre escorte que deux écuyers placés sur un même cheval et quatre ou cinq valets à pied portant des torchons pour s'éclairer dans les rues sombres de Paris... »

Il y avait justement dans la classe de ce professeur, un élève français qui se mit à rire, en entendant dire « des torchons pour s'éclairer ». Le professeur s'arrêta dans son récit et demanda à l'élève :

— Pourquoi riez-vous, *ganzes Kamel* ?

Ganzes Kamel veut dire chameau entier. C'est le mot favori des professeurs allemands pour gronder les élèves dans les écoles publiques. Ça équivaut au mot français : espèce de bourrique.

L'élève interrogé répond :

— Parce qu'en France on ne s'éclaire pas avec des torchons, mais avec des torches.

— Qu'en savez-vous, petit Français, reprend le professeur. On dit torche pour un petit flambeau, et torchon veut dire grand flambeau !...

CHAPITRE VIII

J'ai vu faire des élections un peu partout, dans l'ancien comme dans le nouveau monde. Ce que j'ai vu de plus magnifique concernant les élections, ce sont les processions électorales de New-York. Mais c'est avant le jour du vote. On devine par le nombre des assistants à ces processions, le nom de celui qui sera élu. Le jour du vote, rien de remarquable à voir.

C'est tout le contraire en Angleterre. Le jour du vote, c'est le grand jour. C'est un jour de fête. Tout le monde porte à la boutonnière les couleurs de son parti. Les voitures aussi portent les couleurs de ceux à qui elles appartiennent. Le fouet du cocher est orné d'un grand ruban aux couleurs des *tories* ou des *whigs* (conservateurs ou libéraux).

On ne voit dans ces voitures que les plus jolies *young ladies* (demoiselles) de la ville, qui vont chercher les électeurs pour les amener à la maison du vote. Une promenade en voiture avec une jolie demoiselle, voilà la récompense bien méritée des électeurs anglais. On ne voit de ces choses qu'en Angleterre.

En Allemagne il y a aussi quelque chose de notable dans la façon de faire les élections. C'est le lieu

du vote. En France on vote toujours le dimanche.
Cela ne se voit jamais dans les pays protestants. Le
dimanche est jour de repos consacré au Seigneur.
Dans les pays protestants on fait les élections dans la
semaine.

En France les cours des écoles publiques sont
choisies généralement comme lieu pour recevoir les
votes des électeurs. En Allemagne on vote dans les
brasseries ou dans les restaurants. Le bureau électoral s'installe dans un coin du local choisi et tout se
passe très bien. On boit constamment de la bière.

On sait que l'Empereur Guillaume II a mis un arrêt
au progrès électoral des républicains ou socialistes
allemands. J'ai déjà dit qu'avant de venir en Allemagne, j'avais connu M. Liebknecht à Southampton,
pendant un voyage de propagande socialiste qu'il fit
en Angleterre et que j'ai tâché de le revoir à Berlin et de connaître aussi M. Bebel, son grand ami
socialiste et collègue, et M. Paul Singer, chargé de
l'administration du journal socialiste *Vorwärts* (En
Avant). M. Liebknecht parle l'anglais très bien.

J'ai demandé à ces messieurs leur opinion concernant le poids de l'influence personnelle de l'Empereur Guillaume II sur le résultat des élections au
Reichstag allemand. Voilà ce que j'ai appris, ce
qu'on m'a dit en Allemagne :

Oui, l'Empereur Guillaume II a un grand poids sur
le résultat des élections au Reichstag allemand. Il a
convié tous les partis à se rallier contre les républicains ou socialistes dans tous les ballottages, dans
tous les seconds tours de scrutin. Oui, c'est vrai ;
mais il y a d'autres causes plus importantes encore

qui empêchent les républicains ou les socialistes d'obtenir plus de votes dans les élections pour le Reichstag allemand.

La cause générale, la cause qu'on peut appeler européenne, c'est le militarisme toujours grandissant dans toute l'Europe, depuis la néfaste guerre de 1870 1871. Le militarisme gouverne tout, domine toutes les aspirations du patriotisme. Les impérialistes dressent toujours le fantôme de la guerre étrangère, de l'invasion du territoire national par l'ennemi et on termine avec cette déduction : l'armée avant tout. Et l'armée écrase tout. Quand on parle ce langage, le peuple est prêt à avaler toutes les bourdes qu'on lui sert.

La religion a aussi une grande influence sur le développement du républicanisme ou du socialisme électoral. Les pays catholiques sont plus républicains ou socialistes que les pays protestants. Dans les pays catholiques, le clergé ne voit que le Saint-Siège de Rome. Dans les pays protestants, le point de mire du clergé est le chef de l'Etat. C'est la même chose dans les pays où domine l'Eglise orthodoxe ou grecque ou dans les pays musulmans. Les pays catholiques sont très révolutionnaires. Le peuple n'y trouve pas un clergé pour prêcher l'obéissance au gouvernement établi. Ce qu'il prêche, c'est l'obéissance à l'Eglise de Rome. Et l'Allemagne est protestante. Luther ne pensa jamais qu'en désobéissant au Pape de Rome, il donnait au pouvoir civil, le clergé pour prêcher la soumission au chef de l'Etat.

L'idiome, le langage particulier à une nation, tient aussi une grande influence sur sa liberté. Les idiomes modernes, les langues dérivées du latin sont très faciles à comprendre pour les natifs et même pour les étrangers. L'anglais n'est pas sorti du latin ; on peut dire que le vieil anglais est un patois de l'allemand ; mais on a latinisé l'anglais de telle façon, qu'en Angleterre, les maîtres d'école affirment qu'on doit bien connaître le latin pour savoir correctement l'anglais et Addison disait qu'il pouvait écrire un roman en anglais dont toutes les paroles auraient des racines latines.

L'allemand est très difficile à comprendre pour les étrangers. Ceci n'a rien d'étonnant ; mais l'allemand est aussi très difficile à comprendre pour les Allemands. Les enfants n'y comprennent rien. On dit qu'un Portugais fut fort étonné de voir que tous les enfants en France parlent le français très bien et qu'en Portugal un Portugais devient vieux et le parle très mal. Si le même Portugais vient en Allemagne, il trouvera que tous les enfants ne parlent pas allemand.

Le *Vorwärts*, le journal socialiste est donné gratis au peuple. Mais le peuple ne lit pas de journaux en Allemagne. On fait ici les journaux pour l'insertion des annonces ; ensuite on les vend aux épiciers, aux marchands de quatre saisons. On enveloppe tout avec des journaux. Si le peuple tâche de lire les journaux, il ne les comprend pas. Voyez un exemple. Ceci est de l'allemand courant et le moins difficile à comprendre. C'est une dépêche télégraphique publiée par les journaux de Berlin. Je donne le texte allemand et la traduction française mot par mot :

« *Paris, 23 mai. Der « Liberté » zufolge hat*
Paris, 13 mai. La « Liberté » d'après a

Kriegs - minister Kranlz den Artillerie
guerre ministre Krantz le artillerie
Offizier welcher in einer in Lausanne
officier lequel dans une en Lausanne
in deutscher Sprache erscheinenden
en allemande langue paraissante
Zeitschrift das französische Heer
revue   la française armée
kritisirt hatte, disziplinarisch bestraft
critiqué avait disciplinairement puni ».

Lisez la traduction française et dites moi si vous pouvez comprendre ce galimatias ; mais arrangez les mêmes mots d'après le sens commun et vous trouverez une dépêche télégraphique compréhensible pour tout le monde.

« Paris, 23 mai. D'après « *La Liberté* », le ministre de la guerre, Krantz, a puni disciplinairement l'officier d'artillerie qui avait critiqué l'armée française dans une revue en langue allemande, paraissant à Lausanne ».

Cet exemple démontre que le peuple qui parle allemand, doit avoir une intelligence tout à fait différente de celle qu'ont les autres peuples, car le cerveau comprend les choses de ce monde, d'accord avec la syntaxe du langage que l'on parle : et que pour être libre, la première chose à faire par le peuple allemand, est de moderniser son langage.

L'allemand est une langue classique ; un langage de savants. On a voulu latiniser l'allemand et on a commencé ce travail ; mais on l'a suspendu après la guerre de 1870-1871. On a dit que ce n'était pas avec

9.

du latin, mais avec du français qu'on allait bourrer
l'allemand et on arrêta l'ouvrage entrepris.

En effet, on organise des cercles littéraires de con-
servation dont les membres sont forcés de n'employer
que des mots allemands, ce qui nous fait rappeler le
forgeron d'un roman d'Erkmann Chatrain, qui avec
ses deux fils tâcha d'arrêter un train en marche au
moyen de trois grandes lances forgées par lui. Cependant, quelques-uns ont raillé beaucoup ces cercles;
mais ces railleurs ont été appelés *Deutschverderber*,
c'est-à-dire corrupteurs de la langue allemande.

On est allé plus loin encore. On a refusé les mots
modernes comme *téléphone* que tout le monde comprend et on a inventé le mot allemand *fernsprecher*,
composé des deux mots allemands *fern*, loin et *spre-
cher*, parleur.

Les savants allemands sont très contents, très
fiers de leurs nouveaux mots. Ils proclament à la
face du monde que les langues modernes sont très
pauvres On doit prendre des racines grecques pour
composer leurs nouveaux mots. L'allemand n'a besoin ni du grec ni du latin. Il se suffit à lui-même.

Les caractères gothiques, les types servant à imprimer les livres et journaux allemands ont aussi
une grande influence sur le résultat des élections en
Allemagne. On doit porter des lunettes pour pouvoir
lire les caractères gothiques ou allemands, employés
au moyen âge et avec lesquels on imprime tout en
Allemagne et il y a beaucoup de gens qui ne lisent
jamais un journal pour ne point porter des lunettes
ou parce qu'ils n'ont pas d'argent pour en acheter.

C'est tout le contraire de ce qui se passe en France,

où on voit porter des lunettes à des gens qui n'en ont pas besoin ou qui en achètent pour les faire porter à leur chien.

On a fait de vains efforts pour dotter les imprimeries allemandes de caractères latins comme on en a dans tous le monde civilisé ; mais le Fürst Bismarck s'y est opposé et il eut gain de cause. Il a dit que le type gothique est un type national et le mettre de côté, c'est guillotiner l'allemand. On a fait seulement au commerce la concession d'imprimer la partie commerciale des journaux avec des types latins. Les Chinois ont aussi un type national d'imprimerie, qu'ils ne veulent pas quitter. Les Allemands sont comme les Chinois.

Les républicains ou socialistes allemands ont donc une tâche bien difficile à remplir. Ils sont forcés de parler au peuple dans un langage spécial pour être bien compris. L'étranger est bien étonné de lire les réclames électorales des candidats républicains ou socialistes allemands. Voilà ce qu'on lit dans ces réclames :

« Combien gagne un ouvrier allemand ?

Deux ou trois marks par jour.

Et il doit acheter pour nourrir sa femme, ses enfants et lui-même :

Le saucisson . . .	1 mark 50 pfg la livre.	
La viande	1 »	»
Les pommes de terre.	25 pfg les 10 livres.	
Le pain bis	50 » » 3 »	
La bière	10 » la 1/2 bouteille.	

Il doit payer son logement et acheter aussi des

chapeaux, des souliers, des habits, etc. pour lui et sa famille et payer des impôts.

Il gagne donc assez pour en mourir de faim, lui et sa famille ».

Très éloquente cette réclame électorale des républicains socialistes allemands. Je parie que Victor Hugo avec son grand talent n'a jamais fait une réclame électorale plus facile à comprendre.

On engage ensuite l'ouvrier allemand à voter pour le candidat républicain socialiste. Celui-ci tâchera de réduire les impôts, le prix des denrées et la vie deviendra meilleur marché.

Si l'on parle au peuple allemand dans un autre langage, il ne comprend rien. On peut parler aux peuples français, anglais, espagnol, italien, etc., c'est-à-dire à tous les peuples qui ont une langue dérivée du latin ou latinisée, un idiome élevé, plein de métaphores et de réthorique. Le peuple y comprendra et y goûtera tout. Si l'on parle ce langage au peuple allemand, c'est la même chose que si on lui parlait en chinois. Ça ne veut pas dire que le peuple allemand ne soit pas intelligent. Mais comment voulez-vous qu'il soit libre ? Il ne comprend pas une langue de savants. On peut mesurer les degrés de liberté dont jouit un peuple, d'après la facilité de compréhension de la langue qu'il parle.

Les écrivains, les orateurs des peuples ayant une langue dérivée du latin ou latinisée, les Français surtout, aiment les sentences, les phrases, les périodes courtes dans leurs discours. Les écrivains, les orateurs allemands, au contraire, se plaisent à faire des périodes, des phrases, des sentences longues, enchevêtrées, que les savants seulement ont la faculté de déchiffrer. Dans toute l'Allemagne il y a des journaux renommés pour leur langage incompréhensible. A Berlin on met le *Berliner Lokal Anzeiger* à la tête de ces journaux à langage incompréhensible. Dans les écoles de Berlin, c'est d'un usage courant pour les professeurs de dire aux élèves quand ils ont fait une mauvaise composition :

— C'est du *Berliner Lokal Anzeiger* que vous avez fait.

Les écrivains allemands aiment aussi à faire des mots de plus de quarante lettres. C'est leur plus grand plaisir. Ceux de moins de quarante lettres sont d'un usage ordinaire. Voici des exemples :

Weltpostverein.
Union Postale Universelle.
Reichsschuldenverwaltung.
Administration des dettes de l'Empire.
Invalidenversicherungsgesetz.
Loi d'assurance pour les invalides.

On dit en Allemagne que c'est très pratique de faire un mot d'une phrase. Ça ressemble un peu au chinois dont chaque signe ou hiéroglyphe est une phrase formant un tout complet.

Ce fut une chose impossible pour les peuples barbares du nord de l'Europe qui ont envahi et détruit le grand empire romain, que de comprendre le latin. Ces peuples barbares ont fait des patois latins, qui avec le temps sont devenus nos langues modernes, l'espagnol, le portugais, l'italien, le français, etc. On dit en Allemagne que l'empire allemand tombera

peut-être en pièces s'il surgissait un autre Napoléon Ier, un autre Attila, un autre *Fléau de Dieu* ;
mais la langue allemande restera. Elle est plus
forte que le latin. L'allemand étant aussi vieux que
le latin, a survécu à celui-ci. Et dire que les Allemands ont aussi la prétention de *germaniser* toute
l'Europe ! C'est-à-dire que tous les peuples d'Europe
parleront l'allemand. Si au moins c'était une langue
facile à comprendre ; mais je crois qu'on trouve la
chose un peu difficile.

C'est très facile à comprendre que le républicanisme ou le socialisme rencontrent des entraves dans
leur marche en avant sur le sol allemand. L'Empereur, la noblesse, tout le parti impérialiste ne l'igno-
rent pas et travaillent à maintenir le *statu quo* allemand par tous les moyens en leur pouvoir.

Comprenant la grande aide que lui donne le
clergé, le gouvernement impérial allemand, depuis
la guerre 1870-1871, a fait bâtir des églises dans tous
les endroits possibles. On ne voit maintenant dans
toute l'Allemagne que des églises neuves. Les vieux
allemands n'y vont pas ; mais elles sont pleines de
jeunes gens. Dans toutes les écoles publiques d'Allemagne, on ordonne aux élèves d'aller à l'église. S'ils n'y
vont pas, ils sont punis. Le dimanche de dix heures
à midi, c'est-à-dire pendant le service divin, on doit
fermer toutes les boutiques et ateliers. On empêche
de faire quelque chose pour engager les gens à aller
à l'église. On veut faire en Allemagne une parodie
des mœurs religieuses de l'Angleterre.

Un dimanche, à onze heures, une dame arrive dans
un commissariat de police. Elle va porter plainte.

On a maltraité son chien. Le commissaire l'éconduit et la sermonne :

— Madame, dit-il, le dimanche à onze heures on doit être à l'église et à l'église on n'y conduit pas de chiens. Donc, allez-vous-en !

Très anglais, ce commissaire de police allemand.

On fait plus encore qu'en Angleterre. Tout près des casernes, on bâtit des *Garnison-Kirchen* (Eglises pour les soldats). Le colonel y amène tous les dimanches son régiment, imitant ce qu'on fait en Espagne. N'en déplaise à Dieu que les soldats allemands imitent ainsi les soldats espagnols dans leur *pronunciamientos*.

Quelques républicains ou socialistes allemands ont émis l'idée de se rallier à l'empire comme les républicains ou garibaldiens italiens se sont ralliés à la royauté, pour faire l'union de l'Italie, mais à la condition ne n'avoir qu'un seul empereur. L'empire allemand a pour chefs un empereur-roi, trois rois, six grands ducs, cinq ducs et sept Fürsten (princes). Tant de cours, de lieux de splendeurs, dont les frais sont à payer par le peuple allemand.

On a fait cela en Italie ; mais ce n'est pas possible en Allemagne. Si l'on demande à quelqu'un en Allemagne :

— Est-ce que vous êtes allemand ?

On répond toujours :

— Pas du tout. Je parle allemand, mais je ne suis pas allemand. Je suis prussien, ou bavarois, ou badois, selon le cas de la personne interrogée.

La Prusse a grandi par l'alliance avec une foule de petites cours locales qui gardent les traditions aristocratiques de l'Allemagne. La disparition de ces petites cours locales serait un grand pas vers le républicanisme ou socialisme; mais l'esprit de querelle du peuple allemand s'y oppose. L'aristocratie a si bien divisé l'Allemagne pour y régner, que cette division est devenue le caractère distinctif du peuple allemand.

En France grâce à sa division en départements, on n'est plus Normand, Breton, Gascon ou Provençal, on est Français, mais en Allemagne, ce n'est pas encore ainsi.

Le Bavarois ne veut être ni Prussien ni Allemand et on peut dire la même chose des sujets des autres demi nationalités qui composent l'empire allemand. Et comme ils sont fiers ces gens là de leur demi nationalité ! Ils se croient libres à cause de la division de leur pays. Les Allemands de Bavière se croient libres parce qu'il y a un roi à Munich. Les Hanovriens se croient esclaves de la Prusse parce qu'il n'y a plus de roi à Hanovre.

Il y a donc beaucoup de causes pour arrêter les républicains ou socialistes allemands dans leur marche en avant pour avoir possession des urnes électorales ; mais, cependant, ils sont pleins de confiance dans l'avenir. Ils sont toujours prêts à entrer en lutte et leurs adversaires, au contraire, craignent de perdre du terrain.

En France beaucoup de savants envisagent la dépopulation du pays comme un grand malheur. En Allemagne la population augmente toujours. Avant, l'excès de population de l'Allemagne avait un grand débouché, C'étaient les Etats-Unis d'Amérique. On pouvait apprendre l'allemand aussi bien à New-York qu'à Berlin. Maintenant le gouvernement impérial allemand a supprimé cette soupape de sûreté pour laisser échapper l'excès de population de l'Allemagne.

Les républicains ou socialistes allemands regardent cette mesure comme un grand bienfait pour leur cause. Ceux qui émigrent du sol natal ne sont pas les riches, les gens qui se trouvent à leur aise. Ce sont les pauvres, les déshérités de la fortune qui prennent le chemin de l'exil volontaire. Et ceux à qui l'on ferme la porte pour ne pas les laisser sortir, ce sont les républicains et les socialistes. L'Allemagne en sera un jour si encombrée, qu'ils auront gain de cause. Les partis ne montent pas au pouvoir par leur sagesse. C'est la maladresse des gens au pouvoir qui les met à leur place.

La misère en Allemagne est horrible à cause du peu d'émigrants qui sortent du pays. L'étranger qui visite l'Allemagne ne croit pas au premier abord à l'existence de la misère dans ce grand pays. L'extérieur des maisons prédispose l'étranger à croire à une richesse générale. On pense qu'il n'y a pas de pauvres en Allemagne. Pour revenir à l'idée opposée, il faut pénétrer dans les cours de ces maisons. On y trouve ce qu'on appelle en Allemagne les *Quergebäude* (maisons traversales), les *Hinterhäuser*, c'est-à-dire les maisons intérieures. C'est là qu'on s'étonne de voir la misère allemande.

Hambourg, la *Freie und Hanse-Stadt Hamburg*, est la ville d'Allemagne qui compte le plus de pauvres. L'étranger qui veut avoir une complète idée de la misère d'Allemagne, doit visiter la riche ville d'Hambourg et se rendre à la Stein Strasse (Rue de Stein, rue de la Pierre). On y pénètre dans les maisons intérieures de cette rue par une petite porte d'un mètre cinquante centimètres de haut et large de cinquante centimètres. Les *Quergebäude* y sont face à face. Le couloir a un demi-mètre de largeur. Des voisins vis-à-vis s'y embrassent, chacun restant à sa fenêtre. Au sol on ne marche que sur de la boue.

Le choléra y a fait de grands ravages en 1892. Rien de surprenant. Le vieil Hambourg est aussi dégoûtant que les nouveaux quartiers de la ville y sont agréables et jolis.

Dans l'intérieur de ces maisons on y trouve beaucoup de monde. Les chambres sont très grandes, mais toujours petites pour le nombre de personnes qui s'y entassent. Cependant la propreté y appelle l'attention de l'étranger. Dans les maisons riches de l'Allemagne, le sol des chambres y est parqueté et ciré. Dans les maisons pauvres on donne au sol des chambres trois coups de peinture. C'est une peinture avec de la colle très résistante. On passe tous les jours une serpillère mouillée sur cette couche de peinture et on nettoie ainsi très bien ces parquets.

Je me rappelle avoir lu quelque part, à propos d'un grand personnage, qu'étant en voyage, il eut soin d'éteindre sa bougie, avant de se coucher ; mais un quart d'heure après il la ralluma tant les insectes le dévoraient et toute la nuit on aperçut de la lumière dans sa chambre. En Allemagne on peut dormir tranquille. La propreté dans les maisons y est parfaite.

En Angleterre toutes les chambres sont couvertes de tapis fixés avec des clous au parquet. C'est très joli, quand lesdits tapis sont neufs ; mais après ils sont pleins de poussière, de microbes meurtriers et de petites bêtes qu'on ne doit pas nommer. Je préfère les chambres allemandes cirées ou avec de petits tapis mobiles qu'on peut enlever très facilement pour les nettoyer et ainsi maintenir une grande propreté.

Dans les maisons d'Allemagne, aussi pauvres qu'elles soient, il y a toujours un lieu très confortable. C'est la cuisine. Le fourneau français est préféré au fourneau anglais, qui est le pire des fourneaux imaginables ; mais le fourneau allemand est bien supérieur au fourneau français. Il n'est pas démontable comme celui-là. On n'est pas obligé par force d'acheter son fourneau et de le transporter à chaque déménagement. Le propriétaire allemand est plus raisonnable que le propriétaire français. Il installe des fourneaux dans tous les appartements de sa maison. Ces fourneaux très grands sont très bien construits avec des briques émaillées tout en blanc et très faciles à laver. Les contours du fourneau sont couverts avec du laiton qu'on peut polir. Le tout donne un agréable aspect de propreté et de confort.

Ces fourneaux sont aussi très économiques. On y brûle à volonté du charbon de terre, du coke ou des briquettes. Ces briquettes sont une spécialité allemande. Elles brûlent très lentement et gardent le feu jusqu'au lendemain. Les cendres qu'elles y laissent sont jaunâtres.

C'est défendu en Allemagne de demander l'aumône. On doit penser d'accord avec cette disposition qu'il

n'y a pas de mendiants dans l'empire allemand. **Mais
vous êtes à Berlin. On sonne. On va ouvrir et on se
trouve en face d'un jeune homme d'une vingtaine
d'années. Il ôte son chapeau et tend la main murmurant :

— Charité !

La première fois l'étranger est bien surpris de
voir un jeune homme assez bien habillé demander
l'aumône ; mais avec le temps on se fait à tout. Si
l'on demande à ces jeunes mendiants pourquoi ils se
trouvent dans cette pénible situation, on entend à
peu près la réponse suivante :

— J'ai fait mes études au Gymnasium X. Mes
parents ont eu soin de me donner une bonne éducation. J'y ai appris le grec et le latin ; mais maintenant, mes études terminées, je ne trouve pas de
travail ; je n'ai rien à faire. Je suis bachelier ès-
lettres.

C'est en Allemagne la même chose qu'en France.
L'éducation classique fait de la plupart des enfants
une caste de bacheliers ès-lettres sachant le grec et
le latin, bons à occuper une situation administrative
et à demander leur subsistance à un travail d'avance
réglé et qui n'exige aucun effort d'esprit.

On doit faire justice à ces pauvres bacheliers allemands, bacheliers ès-lettres sachant le grec et le
latin. Ils ne sont pas cambrioleurs. Il n'y a pas de
cambrioleurs en Allemagne. On trouve dans les esca-
liers de toutes les maisons d'Allemagne, beaucoup
de choses très faciles à enlever, comme des tapis,
des paillassons, des chaises, des verres et des becs de
gaz et jamais on n'emporte rien. On ne pratique pas
en Allemagne l'industrie de la filouterie.

En dehors de ces jeunes hommes, on ne mendie pas en Allemagne. Le gouvernement est très sévère à cet égard. Un employé de l'empire ne doit pas même accepter des cadeaux ou des étrennes. C'est par exemple défendu aux facteurs de présenter des almanachs à la fin de l'année et de recevoir des étrennes ou des pourboires.

Le gouvernement impérial allemand va encore plus loin. Il incite, provoque les habitants de l'empire allemand à faire des accrocs aux règlements de police sur la mendicité. Des agents de police déguisés en mendiants demandent l'aumône dans les boutiques ou établissements de commerce. Ils y pleurent en racontant de longues histoires de malheurs ; malheur à qui les écoute et donne quelque soulagement à leurs prétendues misères !

Après avoir reçu l'aumône ardemment demandée, les faux mendiants se redressent comme un serpent, tirent de leur poche la médaille dont la possession fait foi de leur emploi et dressent procès-verbal au pauvre boutiquier qui eut pitié de leur mauvaise situation. Le bonhomme, pour l'infraction commise, doit payer une amende de cent marks (125 fr.).

Les droguistes et pharmaciens allemands reçoivent aussi des visites de faux malades. Ils demandent des drogues ou produits qu'on ne doit pas vendre sans la prescription ou l'ordonnance du médecin. Si on leur refuse, ils vont mourir. On dirait de vrais comédiens. Si par hasard on se trompe en croyant à leurs souffrances, le faux malade devient vite bien portant, dresse procès-verbal et on doit payer l'amende réglementaire.

C'est très bien de punir les infractions au règlement de police ; mais exciter les gens à en commettre, pour les punir après.... c'est bien du tempérament allemand !

Je reviens aux élections en Allemagne, pour en finir.

L'avènement de la République est-il proche en Allemagne ? Personne ne peut prédire l'avenir et tout ce que je puis dire, c'est que si l'Allemagne devient un jour une République, ce ne sera pas à cause des élections gagnées par l'effort du parti républicain ou démocrate socialiste. Ce sera l'œuvre de l'excès du militarisme, dont tout républicain doit souhaiter qu'il arrive bientôt, car la République en France, c'est la République Française ; mais la République en Allemagne, c'est la République Universelle. Ce jour-là, la monarchie aura vécu, il n'y aura plus de trônes en Europe. L'Allemagne, c'est le rempart de la monarchie.

CHAPITRE IX

Mœurs allemandes. — Martin Luther. — La
Réforme protestante.

Dans une nation aussi vaste que l'empire allemand, les mœurs, on doit le comprendre, ne peuvent pas être les mêmes dans le nord que dans le
sud. La première grande différence qu'on y trouve
est due à la religion. L'Allemagne du nord est
protestante. L'Allemagne du Sud est catholique. Les
catholiques de tous les pays du monde ont beaucoup
de fêtes religieuses. Les protestants en ont très
peu et pas de processions, pas de carnaval, pas de
mi-carême.

Donc il n'y a pas de processions religieuses, ni de
carnaval, ni de mi-carême à Berlin ; mais à Munich,
à Cologne, à Mayence le roi Carnaval y fait son entrée
triomphale tous les ans. Les chars, les cavalcades
sont nombreux et les fêtes très réussies. Si ce n'était
pas l'allemand qu'on y entend parler, on penserait
être en France.

Pourquoi l'Allemagne du nord est elle devenue
protestante ? On lit dans l'histoire d'Allemagne que
ce fut à cause de la grande corruption qui y régnait
à cette époque. L'excessive tendance pour le luxe ;
la vie très contraire aux principes du christianisme
menée par les prêtres et moines ; la terrible visite

de la peste noire ; toutes ces causes combinées ont produit une forte réaction dans les esprits pour retourner à une observance plus rigoureuse des formes chrétiennes. Luther arriva à temps et quand il proclama ses quatre-vingts-quinze articles, tout le monde était disposé à les accepter.

En 1539, l'électeur de Brandebourg, Joachim II se déclara pour la Réforme ; mais peut-être pour manque d'argent à Berlin, on tarda trois siècles et demi pour ériger une statue à Luther dans cette ville. Aujourd'hui Luther a sa statue dans la place du *Neuer Markt* (nouveau marché), tout près de la *Marien Kirche* (Eglise de Marie). Il a autour de lui ses collaborateurs Melanchthon, Bugenhagen, Cruciger, Reuchlin, Spalatinus, Justus, Jonas, Franz de Sickingen et Ulrich de Heutten. C'est un beau monument.

On raconte à Berlin qu'un catholique regardant le monument de Luther, a dit en colère :

— Voilà à quoi a servi l'argent de la France catholique. Si on l'avait fait avec de l'argent protestant, je ne dirais rien.

Un protestant qui était près de lui, lui aurait répondu :

— Bah ! bon catholique, l'argent n'a pas de nationalité et moins de religion ; mais si j'accepte vos propos, je puis dire que ce monument a été élevé avec de l'argent de l'Allemagne protestante, car cet argent était à nous.

Luther a aussi une belle statue à Dresden, dans la place du *Neuer Markt* (nouveau marché) et un grandiose monument dans la Luther Platz (place de

Luther), à Worms, une des vieilles villes impériales de l'Allemagne. Dans ce monument Luther a aussi autour de lui ses plus hardis collaborateurs. On m'a dit à Worms que le tout avait coûté 425 mille francs et qu'on a mis neuf ans pour le construire.

Ce que j'admire dans Luther, c'est son courage, non pas son éloquence, non pas sa parole persuasive. Même aujourd'hui on doit être très courageux pour agir contre le gouvernement, contre le pouvoir établi, contre la chose jugée. Quelle audace celle de Luther pour oser se mettre face à face avec le pape, maître absolu des âmes et des consciences ! Aujourd'hui, ce n'est rien. Tout le monde, à son gré, obéit ou non au pape ; mais il y a quatre siècles, c'était autre chose. Les empereurs, les rois se mettaient à genoux devant le pape. Sa volonté était la loi et personne ne pouvait lui désobéir sous peine d'excommunication pour toute sa vie. Et l'excommunication était pire que la foudre.

Voici comment on raconte dans l'Allemagne protestante l'histoire de Luther, selon les livres d'école qu'on donne aux enfants et qu'on doit apprendre par cœur :

Martin Luther est né la veille de la Saint-Martin, le 10 novembre 1483, à Eisleben, en Saxe. Ses parents, Hans Luther et Margarethe Lindemann, étaient de vrais paysans. Peu après la naissance de Martin Luther, ils quittent Eisleben et vont habiter Mansfeld où son père acquit deux forges. A quatorze ans, Martin Luther va à l'école latine de Magdeburg ou une tante éloignée de sa mère, Ursula Cotta, le reçoit dans sa maison. En 1501, il entre à l'Université d'Erfurt. Dans la même année, il se fait moine de l'ordre de Saint-Augustin.

La mort tragique de son ami Alexius, à la sortie d'une réunion d'étudiants et l'impression causée en lui par la foudre qui tombe sur un arbre, sous lequel il s'était refugié pendant la tempête, fut le motif de cette résolution. Il préféra l'ordre des moines de Saint-Agustin, parce que ce fut à ce grand Saint qu'il implora son salut, priant à genoux pendant l'orage.

Dans le cloître, on l'employa à nettoyer les cellules des moines, car il était humble et de triste condition. En 1508, cependant, il devint professeur de philosophie à Wittemberg. En 1511, Luther entreprend un voyage à Rome où il est intrigué de voir les prêtres romains dire sept messes pendant qu'il n'en disait seulement qu'une. A Rome il se laisse glisser de l'*Escala Sancta*, pour faire pénitence.

En 1512 il devint curé de l'église de Wittemberg. C'est là que Martin Luther s'indigne d'entendre dire aux paysans :

— Nous n'avons pas besoin de venir à l'église pour racheter nos péchés ; nous achetons la bulle d'indulgence et ça suffit.

Martin Luther pour mettre fin à cette situation, cloue le 31 octobre de 1517 ses quatre-vingts-quinze articles contre la bulle d'indulgence. En 1518 il a une conférence à Augsbourg, avec le cardinal Cayetan (Thomas de Vio de Gäeta) envoyé par le pape auprès de lui. L'année suivante en 1519 eut lieu la seconde conférence de Luther avec un autre envoyé du pape, le camerlingue Miltitz.

En cette même année commence le débat théologique entre les docteurs Eck et Karlstadt, auquel prit part Luther quelque temps après. En 1420, Martin Luther fut exilé de l'église de Rome ; mais il brûle le papier qui porte le décret de banissement et il déclare n'être plus soumis à l'obéissance du pape.

En 1521 se réunit la diète de Worms, présidée par l'empereur Charles IV, devant laquelle Luther se refuse à déclarer sans valeur ses écrits, terminant sa défense avec ces célèbres mots :

— Ici je suis. Je ne puis faire autrement ; que Dieu vienne à mon aide ! Ainsi soit-il (*amen*).

On lui accorde un sauf conduit pour un terme de vingt-cinq jours pour faire sa soumission ; mais il se déguise en écuyer et fut accueilli par Frédéric le Blanc, de Saxe, au Wartbourg, où il y reste caché dix mois. Il emploie son temps à traduire la Bible, en commençant la traduction par le nouveau testament. En 1522, les amis de Luther détruisent les tableaux de l'église de Wittemberg où il retourne pour y rétablir l'ordre.

En 1524, Luther quitte définitivement l'ordre des moines de Saint-Augustin et se marie l'année suivante avec l'ex-religieuse Catherina de Bora.

L'étendue de la Réforme est notablement aidée par le décret de la diète de Speyer, ouverte en 1526 par Ferdinand, le frère de l'Empereur Charles V. Au contraire, la Réforme est défendue par la seconde diète de Speyer en 1529 où les réformistes qui s'appelaient *évangélistes*, reçoivent le nom de *protestants*, car ils *protestent* contre la suppression de la nouvelle doctrine.

A la diète d'Augsbourg, en 1530, Luther et Melanchthon présentent à l'empereur Charles V la confession de foi appelée *Confession de foi de Augsbourg*. L'empereur leur demande qu'elle lui soit lue en latin, parce qu'il ne comprend pas très bien l'allemand ; mais ils refusent, car ils étaient allemands et nés en terre allemande.

La guerre était allumée et la mort de Luther arriva en 1546, pendant cette guerre de trente ans.

C'est le récit très abrégé de la vie de celui qui réforma la religion de nos ancêtres et avec elle les mœurs du nord de l'Allemagne et de grande partie du monde catholique, dont la rebellion peut être seulement comparée par les gens obéissant au Saint-Siège, à celle de Satan contre le Dieu tout puissant.

Il n'y a plus de couvents de religieuses ni de monastères de moines dans l'Allemagne du nord. C'est l'œuvre de Martin Luther. Il n'y a plus de fainéants dans ces grandes maisons, nourris par le peuple et menant une vie très contraire aux principes du christianisme.

Mais je pense que si Martin Luther revint dans ce bas monde du fond de l'enfer où l'a plongé, selon les catholiques, l'excommunication du pape de Rome, il rétablirait, s'il était en son pouvoir, les couvents de religieuses et les monastères de moines dans toute l'Allemagne, à la condition, bien entendu, de la suppression des nouveaux monastères modernes, où les hommes qu'on y enferme, malgré eux, ne portent plus de chapelets, mais des fusils.

Mettez d'un côté les religieuses, les moines et les soldats allemands du temps de l'empereur Charles V,

c'est à-dire tous les fainéants nourris par le peuple à
cette époque et de l'autre côté le demi milion de soldats fainéants, nourris aussi par le peuple, qui obéissent à l'Empereur Guillaume II et dites-moi ce que
vous trouvez préférable.

Parlant en homme politique, on ne peut rien juger
encore des résultats définitifs de la grande réforme
accomplie par Martin Luther et ses auxiliaires. Les
peuples protestants sont plus soumis, plus obéissants
à la loi et on y trouve plus d'ordre que dans les pays
catholiques. Si Henri IV n'était pas devenu catholique, si la France sous le gouvernement des rois protestants, était devenue aussi protestante, la grande
révolution française se serait-elle produite ?

D'autre part, la condition des peuples protestants
est-elle, avec la Réforme, devenue meilleure que
celle des peuples restés catholiques ? Les aspirations
pour une ère de bien-être général pour le peuple,
sont-elles les mêmes chez les peuples des trois com-
munions chrétiennes ?

Ce qu'on peut dire dès à présent, c'est que plus
l'élément religieux domine chez un peuple, plus il y
a de soumission et moins de liberté et surtout d'éga-
lité. En Europe on peut très facilement dresser une
échelle des peuples plus ou moins soumis à l'influence religieuse. En premier lieu on peut placer
les peuples de religion grecque ; les peuples de religion protestante viennent après et en dernier lieu les
peuples de religion catholique, dont l'influence religieuse ne pèse que sur les femmes.

De quel groupe de ces peuples sortira enfin la
liberté ? Lequel établira la vraie république, celle

désirée par Henri IV, où chaque citoyen aura un pou-
let, au moins, tous les dimanches pour mettre dans
son pot à feu ?

Si, grâce à Martin Luther il y a grande différence
dans les mœurs de l'Allemagne du nord, comparativement à celles de l'Allemagne du sud, quelques-
unes de celles-ci, la nouvelle doctrine protestante n'a
pu les effacer. Je veux parler de l'amour du peuple
allemand pour la bière, le café, le saucisson, le jambon et les gâteaux. Cet amour du peuple allemand
pour les gâteaux, le jambon, le saucisson, le café et
la bière pousse jusqu'à Vienne et se répand dans tous
les pays allemands de la monarchie austro-hongroise.

Aussitôt qu'on arrive dans une ville allemande, on
voit des grandes cours extérieures et intérieures,
appelées restaurants ou café-concerts, remplies de
petites tables garnies de jolies nappes de couleurs.

Dans quelques-unes de ces cours, il y a de la
place pour six mille consommateurs.

Pendant six mois de l'année, c'est-à-dire pendant
le printemps et l'été, si vous en avez besoin de chercher quelqu'un en Allemagne, vous êtes sûr de le
trouver attablé dans une de ces cours. Il y mange
du saucisson, du jambon et des gâteaux, prends du
café et boit de la bière.

Il y a même beaucoup de monde en Allemagne
qui couchent pendant l'été dans ces restaurants à la
belle étoile. On aligne des tables et l'on fait des couchettes. Le matin on se trouve à sa place de bonne
heure.

Pas difficile en Allemagne l'opération de convertir

des tables en couchettes. On n'a pas besoin que d'un *Groschen* (10 pfennigs, 12 1/2 cs). Ce sont des tables automatiques de la Compagnie Quisisana (Qui si sana).

Il y a des lieux très jolis dans l'intérieur de l'Allemagne, au bord des lacs ou des fleuves et pendant la belle saison tout le monde veut y aller prendre son petit repas à quatre heures du soir. Que pensez-vous qui attire le bon peuple allemand dans ces jolis lieux ? Vous pensez peut-être que c'est la vue de l'eau, les promenades en bateau ou les beaux bosquets sous lesquels on peut rester à l'ombre ? Non ; ce n'est pas ça. C'est la musique, car si l'allemand n'écoute pas la musique, il ne boit ni ne mange à son aise son petit repas de quatre heures.

En Allemagne on prend le café qu'on apporte avec soi. On le fait sur place, payant seulement pour l'eau chaude. On prend donc du bon café, s'il n'est pas changé ou mélangé avec de la chicorée dans la cuisine du restaurant.

Pendant l'automne et l'hiver, l'allemand danse ou va au théâtre ou aux salles de concert. L'allemand danse chez lui ou dans les salons publics. Le prix d'entrée y est très bon marché et il y a dans toute l'Allemagne des salons de bal spéciaux pour les gens distingués et pour les cuisinières, les bonnes, les cochers, les balayeurs et tout ce monde travailleur, car en Allemagne tout le monde danse. Les bals travestis y sont très nombreux et l'Allemand les aime beaucoup.

On danse aussi en Allemagne en chemin de fer. Il y a dans les chemins de fer de ce pays des wagons de quatrième classe qui n'ont pas de sièges. Ce sont de grands salons vides. On en loue un, deux ou trois de ces wagons ; on installe un orgue et l'on danse. On va en dansant, par exemple, de Berlin à Potsdam ou Spandau.

J'ai retrouvé établie à Berlin la célèbre pianiste vénézuelienne Madame Teresa Carreño. A ma question de savoir pourquoi elle avait quitté Paris, elle m'a dit :

— Que voulez-vous ! A Paris pour donner un concert, il faut beaucoup d'artistes. Le public français se fatigue très vite et il lui faut un spectacle varié. Le public allemand a la patience d'entendre le piano pendant trois heures, le temps d'un concert, dans un *Klavier-Abend* (Soirée de piano) ; et j'aime à donner mes concerts toute seule. On aime ici beaucoup le piano.

— Mais vous allez quelquefois en Amérique. Est-ce qu'on aime aussi le piano là-bas ?

. — Oh ! Là-bas comme en Angleterre, on va au théâtre pour manger des *candies* (bonbons).

Pour se marier, l'allemand à l'instar de l'américain, pense que le journal est le moyen le plus commode et le plus pratique. C'est pourquoi sous le titre de *Vermischte Anzeigen* (annonces diverses), on trouve des avis bien drôles dans les journaux allemands, style américain.

Voici des exemples : Mettez à la fin de chaque annonce ces mots : Avec propos de mariage.

« Un monsieur de 26 ans désire connaître une jeune fille de 18 à 20 ans, pour faire des promenades en bicyclette ».

« Un commerçant indépendant de 23 ans désire connaître une jeune fille, mais ayant une bonne dot ».

« Une jeune veuve modiste, très jolie, mais pauvre, désire faire la connaissance d'un riche et vieux monsieur bien placé pour faire des promenades ».

« Une veuve de 25 ans, sans enfants, blonde, bien bâtie, désire faire amitié avec un riche monsieur, pas âgé pour aller au théâtre ».

« Une corpulente jeune fille brune de 23 ans, désire connaître un honnête monsieur pour faire de petits voyages ».

« Une dame seule, blonde et très belle, cherche connaissance avec un monsieur âgé, pour faire des promenades à bicyclette ».

« Une jeune fille bien élevée de 19 ans désire connaître un monsieur de plus de 25 ans, instruit et honnête pour la conduire à une station balnéaire ».

« Une jolie dame brune et élancée, désire faire la connaissance d'un monsieur âgé et riche pour aller à l'exposition de Paris. »

« On demande une demoiselle avec 800 ou 1000 marks (1.000 ou 1.250 fr.) pour aller à l'Exposition de Paris 1900. On peut se marier en route. »

« On désire vingt demoiselles pour faire un jour de promenade à Wottersdorfer-Schleuse avec autant de chevaliers. Départ de la gare de la Friedrich Strasse, le dimanche 20 août à 7 heures du matin. Signe de reconnaissance : Une rose rouge. »

« Huit demoiselles demandent pour mercredi soir, huit beaux gars pour aller prendre du café à Treptow. Lieu du rendez-vous : *Paradisgarten* (Jardin du Paradis) Signe de reconnaissance : Une rose rouge. »

Les avis suivants, je les ai trouvés tout entiers en français dans le *Berliner Morgen-Post* : peut-être sont-ils l'œuvre d'un français ? Je ne le crois pas.

« MARIAGE. — Jeune homme, 33 ans, cherche l'amitié d'une jeune veuve ou demoiselle pour s'amuser. »

« MARIAGE. — Un monsieur distingué désire la connaissance d'une jolie jeune dame. »

« MONSIEUR, ayant vécu longtemps en France, désire connaître gentille française. Discrétion réciproque. »

Plus drôle encore est l'annonce suivante qu'on trouve dans les journaux de Berlin :

« VEUVES ET VEUFS. — Tous les dimanches — Grand café-jardin Sans Souci — Réunion dansante — Signe de reconnaissance : Un *Kornblume* (Bluet) ».

C'est une *agence matrimoniale fin de siècle*.

J'ai déjà dit que les Allemands aiment beaucoup à faire usage de mots français, malgré la guerre de 1870-1871 et c'est très distingué en Allemagne de présenter un menu en français le jour d'une petite fête de famille. On trouve chez les papetiers de Berlin des menus en français, sur beau papier et avec de jolis dessins en couleurs. Celui dont je donne ici la copie, je ne l'ai pas gardé comme un souvenir du dîner pris chez une famille allemande. Je l'ai simplement acheté dans une papeterie de la Friedrich Strasse, comme échantillon de la gourmandise allemande et de la connaissance approfondie de la langue française.

Menu

Canapés variés
Soupe royale de tortue
Sole à la normande
Châteaubriand à la Napoléon de vin garni

Pomme de terre soufflée et **château**
Truffes en serviette
Homard en belle vue
Poitrine de volailles à la **Condé**
Ponche à la Romaine
Faisans de Bourgogne
Tomates, artichauts et champignons farcis
Charlotte ruse
Bombe panachée au four
Pâtisserie
Glace et fruits
Dessert
Fromages — Café et Cognac Henessy
Boisson
1890. Saint-Julien
1876. Gardien du Jardin des Jésuites
1880. *Haut Brion la Mission*, **Magnun**
1875. Château Latour, Magnun
1874. Graves du Cardinal Mazarino
1834. Perret Jouet et Cⁱᵉ, extra sec
1840. Laffite vin d'Oporto

Dans tous les pays civilisés, il y a ce qu'on peut appeler esprit d'association. On y forme des clubs, on y installe des cercles ; mais on doit rendre justice au peuple allemand : il a dépassé tous les autres peuples du monde dans son esprit d'association. Il y a des clubs dans toute l'Allemagne pour tous les métiers et pour toutes les situations de la vie. L'installation de ces clubs ne demande pas de frais. Les propriétaires des restaurants et brasseries y prêtent sans aucune rémunération leurs locaux pour les séances de tous les clubs imaginables. J'y ai trouvé des clubs de conversation très intéressante.

On forme, par exemple, un club ou cercle de conversation française. On l'installe dans un restaurant ou brasserie, dans n'importe quel lieu de la ville. Tous les Allemands qui veulent apprendre le français ou se perfectionner dans leurs connaissances de la langue française, s'y font inscrire comme membres. On y racole tous les Français que l'on peut. On les fait parler et voilà autant de maîtres pour rien. Le propriétaire du restaurant ou de la brasserie est très content ; il y fait aussi ses affaires.

On trouve aussi en Allemagne des *Klubs* (cercles) pour les veuves et pour les veufs et à Berlin on raconte une anecdote bien piquante, à propos d'un de ces clubs.

A Berlin il y a tous les ans, une *Grosse Berliner Kunst-Ausstellung*. C'est le *Salon* de Berlin. Dans le *Salon* de Berlin de 1893, il y avait un beau tableau signé par Noster et avec cette inscription : *Strohwittwe* (Veuve de paille).

C'était un portrait. Les gens du grand monde étaient étonnés. C'était le portrait de la princesse polonaise Karin Swanström.

Cette princesse, une des jeunes beautés de Berlin, était très curieuse et ayant entendu parler du club des veuves de la Charlotten Strasse, elle eut envie de devenir membre de cette charmante société. Mais, comment faire ? Elle était mariée.

— Qu'à cela ne tienne, dit-elle et elle se déguisa en veuve.

Son mari, le prince Swanström, la surprit un jour en sortant de chez elle, traînant des longs voiles de crêpe. Il se cacha et marchant derrière sa femme, il la vit entrer dans le club des veuves de la haute société allemande.

Il pénétra aussi quelques minutes après dans la même maison et demanda sa femme ; mais le concierge, refusant d'ouvrir la porte du salon du club, lui dit :

— Si vous êtes marié, votre femme ne peut pas

être dans notre club. Ne savez-vous pas qu'ici on ne reçoit que des veuves ?

— Des veuves ? fit-il, des veuves ? Ma femme est donc une veuve ? Je vous dit qu'elle est ici. Je l'ai vue entrer.

Et le prince de Swanström ouvrit la porte de force, entra dans le salon du club et appelant sa femme lui dit :

— Je ne suis pas mort encore ; viens avec ton mari, veuve de paille.

Le prince de Swanström, pour punir sa femme de cette gaminerie, fit faire par Noster le portrait de la princesse et l'envoya au *Salon*, pour l'exposer, avec cette inscription : *Veuve de paille*.

Il y a en France la soirée dansante, la soirée musicale ; mais je n'ai jamais entendu parler des *soirées à la bière*. On n'a pas encore importé en France la *Bier-Abend* de l'Allemagne comme on a importé de l'Angleterre les *Garden Parties* et les *Five O'clock Teas*. La *Bier-Abend* (Soirée à la bière), est très à la mode en Allemagne et l'étranger est fort souvent invité à prendre part à ces réunions de famille.

La *Bier-Abend* commence à sept heures du soir. On mange du saucisson et du jambon avec du pain de Vienne au beurre et on boit de la bière à discrétion. Après, on fait de la musique, on chante, on danse et on boit de la bière encore et on mange des gâteaux. On continue ainsi jusqu'à minuit ou deux heures du matin, c'est-à-dire jusqu'au moment ou on a fini avec la dernière bouteille de bière. L'étranger qui a pris part à une de ces réunions de famille, peut dire qu'il connaît quelque chose des mœurs allemandes.

11

A Berlin, je me suis lié d'amitié avec un noble chevalier hongrois, Monsieur Zeidler, et j'ai été invité chez lui à une splendide *Bier-Abend*. Tous les Hongrois que j'ai connus à Berlin sont des musiciens. On dit qu'en Hongrie les bébés jouent le violon. Mon ami hongrois a fait venir chez lui un orchestre de ses concitoyens, qui ont joué le violon, par cœur, avec une adresse admirable. A en juger par les Hongrois que j'ai connus à Berlin, ils sont d'une race tout à fait différente de la race européenne. On dirait qu'ils sont des métis de l'Amérique espagnole. Il y avait à cette *Bier-Abend* des dames hongroises, brunes, aux cheveux noirs. Leurs yeux, noirs aussi, étincelaient comme des éclairs.

Il y a un point concernant les mœurs allemandes, sur lequel les Allemands ne sont pas d'accord. Toute famille allemande doit avoir dressé son arbre de Noël pour la veille du 24 décembre. D'où vient l'arbre de Noël allemand, le *Weihnacht-Baum* ? Du christianisme ou du paganisme ? Les chrétiens allemands disent que c'est du christianisme ; mais les juifs allemands affirment que c'est du paganisme. Je crois que ces derniers ont raison.

L'arbre de Noël allemand n'est pas le même arbre de Noël qu'on dresse dans les autres pays chrétiens. Dans ces pays, on prend un bâton plus ou moins grand, on lui fixe des branches ; on décore tout avec du papier ou des rubans et on garni l'arbre ainsi fait avec des jouets pour les enfants.

En Allemagne pour faire un arbre de Noël, on prend un vrai arbre tout vert. Il y a aux environs des grandes villes, de vastes pépinières de pins. On

les coupe un peu avant Noël et le prix est en rapport avec la grandeur du pin. Les plus petits ont de
soixante à quatre-vingts centimètres et les plus
grands de quatre à cinq mètres de hauteur.

Si l'arbre est petit, on le dresse sur une table et
s'il est grand on le place sur le parquet du salon.
Que l'arbre soit petit ou grand, que la famille soit
pauvre ou riche, l'arbre de Noël est toujours garni
de bougies blanches ou de couleurs. La veille de
Noël, on place l'arbre devant une fenêtre et on
allume toutes les bougies. C'est une grande illumination dans toutes les villes allemandes la veille de
Noël.

Voici l'opinion des juifs allemands sur cet arbre
de Noël. Les anciens peuples barbares de l'Allemagne
ont pensé que le soleil était fort malade et allait
mourir. Depuis le solstice du mois de juin, les jours
étaient plus courts. A l'époque de l'équinoxe du
mois de décembre, on n'avait de la lumière du soleil
que pendant huit heures. Il fallait chercher le moyen
d'avoir toujours de la lumière, après la mort du soleil.

On a donc allumé des torches qu'on a placé sur
les pins de la forêt. Alors un miracle s'est opéré. Le
soleil est revenu peu à peu. Les jours se sont allon-
gés. On a eu jusqu'à seize heures de lumière solaire.
Ç'a été à cause dès torches allumées par le peuple
allemand. L'année suivante le soleil a été encore
malade. On a allumé de nouveau des torches dans
les forêts et le soleil a été guéri. Depuis lors on fait
de même tous les ans. C'est donc par les arbres de
Noël qu'on allume tous les ans en Allemagne que
notre pauvre soleil n'est pas mort.

L'arbre de Noël chez les Allemands est aussi vieux que le monde. L'arbre de Noël chez les autres peuples ne remonte qu'à la naissance du Christ. Les juifs allemands ont donc leur arbre de Noël, parce qu'ils sont allemands. Ils n'ont rien à voir avec la fête chrétienne de la même époque de l'année.

On aime beaucoup en Allemagne à faire des fêtes avec des bougies. Le jour de la première fête d'un enfant, on brûle une bougie. A deux ans, on brûle deux bougies ; à trois ans on brûle trois bougies et on continue ainsi pendant très longtemps. Mais arrivés à l'âge de dix-neuf ou vingt ans, les jeunes filles demandent les premières à mettre fin à cette illumination. Vingts bougies brûlant en même temps, signifient vingt ans révolus et à cet âge on ne doit pas bruler plus de bougies. Vous comprenez, coiffer Sainte Catherine et brûler quarante ou quarante-cinq bougies le jour de sa fête, ce n'est pas très amusant. C'est bon pour la jeunesse.

C'est pour Noël qu'on fait des cadeaux, qu'on fait des étrennes en Allemagne. Chez les familles riches on garni une grande table avec tout les objets à donner. C'est le contraire de l'exposition des articles reçus par les mariées. Ceux-ci ont été reçus ; ceux-là sont à donner. Avant le départ des invités, tous les cadeaux sont placés dans des *Bauernbundel* (Paquets de paysans). On prend de la toile blanche et on coupe des morceaux d'un mètre carré ; on place les cadeaux dans ce drap ; on fait des paquets et on épingle une carte dans chaque paquet avec le nom du destinataire. C'est très amusant de voir partir les invités d'une riche famille allemande chacun portant **son paquet de paysan.**

A l'occasion du dernier jour de l'an, pour la Saint Sylvestre, il y a des mœurs allemandes très curieuses. C'est le temps des grosses affaires des somnambules. Les journaux sont pleins d'annonces de somnambules qui offrent leurs services pour dire la bonne ou mauvaise fortune. Ces annonces sont toujours rédigées avec la même formule, par exemple :

« Heures de consultations. Madame Sauerlicht, 35, Mauer Strasse, III° étage, à gauche ».

Le public sait que c'est une somnambule qu'il trouvera à cette adresse. Les somnambules donnent aussi des consultations à tout le monde sur le moyen d'éviter les querelles.

Il y a d'autres annonces plus drôles encore que vous trouvez dans les journaux de Berlin, pendant toute l'année. Ce sont des annonces de jeunes veuves ou demoiselles qui demandent des prêts de 10, 20, 30, 40 ou 50 marks à des vieux messieurs ou à des messieurs ayant de nobles sentiments. Elles ne s'adressent jamais à des femmes.

J'en traduis quelques-uns :

« Une jolie et corpulente demoiselle demande des petits prêts à des vieux messieurs ».

« Une jeune veuve, blonde, élancée, demande un prêt de 30 marks à un monsieur de nobles sentiments ».

« N'y a-t-il pas un monsieur qui veuille prêter 40 marks à une coquette, brune et jolie demoiselle ?

On trouve toujours aussi dans les journaux de Berlin, des annonces comme celles-ci :

« N'y a-t-il pas une dame de noble cœur qui veuille prêter 30 marks à un beau gars ? »

« Un beau et jeune monsieur de bonne famille demande un prêt de 10 marks (12 fr. 50) à une dame aussi de bonne famille. Remboursement à établir. Adresser lettres agréables à, etc., etc. ».

« Un jeune, beau et bien élevé monsieur, demande à une dame aimable un prêt de 50 marks (62 fr. 50). On donnera des remerciements en personne. S'adresser à *Volupté*, etc. ».

« Discrétion. Un jeune homme italien demande des prêts à des dames ».

Est-ce que la qualité d'Italien suffit pour obtenir des prêts à Berlin ?

L'adresse est toujours poste restante, sous un nom conventionnel.

Pendant la nuit du 31 décembre au 1er janvier, on voit à la porte des maisons dans toute l'Allemagne, des personnes qui dé-irent savoir si elles déménageront pendant l'année qui va commencer. C'est très facile à savoir. On prend un vieux soulier et on le lance en l'air. Le soulier retombe ; si la pointe du soulier est en direction de la rue, on déménage et si la pointe du soulier est en direction de la maison, ça veut dire qu'on ne déménagera pas.

A cette époque de l'année, il y a un autre métier très lucratif. C'est de vendre du plomb tout prêt pour être fondu et savoir ce que l'avenir nous réserve. A minuit commence dans toute famille allemande l'opération de fondre les morceaux de plomb et de les jeter dans une cuvette pleine d'eau. Chaque personne jette son morceau de plomb fondu et après ce sont des conjectures pour trouver la signification appropriée au morceau de plomb congelé dans la cuvette d'eau.

A cette époque de l'an on mange beaucoup d'oies
en Allemagne ; mais le plus grand plaisir n'est
pas d'en manger, c'est d'en faire savoir au voisin
que l'on en mange. Dans l'intérieur des maisons
d'Allemagne on voit aux fenêtres donnant sur la
cour, toute une exposition d'oies. Personne n'y
touche pour quelques jours et tout le monde se
montre envieux d'exposer le plus beau spécimen.

On *doit* souper en Allemagne la nuit de saint Sylvestre et dans ce souper il *doit* y avoir du poisson et
ce poisson *doit* être une carpe, dont on *doit* garder
les écailles pour les donner aux invités qui les mettent dans leur porte-monnaie. Ces écailles forment
un talisman qu'attire les monnaies d'or.

Le cochon porte aussi du bonheur et la nuit de
saint Sylvestre on mange beaucoup de cochons en
Allemagne, c'est-à-dire beaucoup de bonbons fon-
dants en forme de cochons.

Les Allemands sont un peuple bien supersti-
tieux.

En France, c'est pour mémoire qu'il faut parler
du petit cochon porte-veine. Il n'est pas admis dans
la bonne société ; mais en Allemagne on trouve encore le petit cochon à toutes les tables de repas de
fête. On dit toujours comme l'ancien nègre : « Ça
porte bonheur aux personnes qui ont de la chance ».
Oui, c'est la foi qui donne au talisman sa vertu et
en Allemagne, le petit cochon reste le seul, l'unique,
le vrai porte-veine.

La nuit de saint Sylvestre tout Allemand doit
être levé et crier à minuit par trois fois, verre en
main ;

— *Prosit neu Jahr ! Prosit neu Jahr ! Prosit neu Jahr !* (Santé au nouvel an !).

Et malheur à celui qui ne lance pas par trois fois le cri réglementaire et obligatoire ou à celui qui porte de *Cylinder* dans la rue. *Cylinder* est le nom qu'on donne en Allemagne au chapeau qu'en France on appelle haut-de-forme. L'étranger ignorant des mœurs allemandes et qui s'aventure dans une ville d'Allemagne à sortir la nuit de saint Sylvestre, avec un *Cylinder*, serait assommé. On recommande toujours aux étrangers, en Allemagne, de ne pas sortir pendant la nuit de saint Sylvestre afin de ne trouver de querelles.

Dans les grandes villes de l'Allemagne, comme à Berlin, les sergents de ville sont en fonctions pendant toute la nuit de saint Sylvestre. On les voit par bataillons, dans les rues principales, au milieu de la chaussée; et sur les trottoirs on ne rencontre que des gens qui ont bien soupé et ont bien crié : *Prosit neu Jahr !*

Les cafés, les restaurants, tous les lieux publics où l'on peut souper et boire de la bière, regorgent de monde. Dans les familles riches allemandes, après le souper, on danse jusqu'à l'aube. C'est bien la saint Sylvestre qui est la plus grande fête du peuple allemand.

Le jour de saint Sylvestre on envoie en Allemagne des cartes de félicitation pour le nouvel an ; mais on profite d'une manifestation de courtoisie, pour en faire les plus grossières railleries.

Je me suis bien amusé regardant dans les boutiques de papeterie de l'Allemagne, des cartes de féli-

citation pour le nouvel an, avec des dessins bien
surprenants. Voici un exemple.

On ne babille pas beaucoup en Allemagne et cependant on aime à s'adresser des cartes de félicitation anonymes pour le nouvel an, qui portent le
dessin d'une femme ou d'un homme avec un cadenas à la bouche. C'est qu'on désire fermer la bouche
de la querelleuse ou du querelleur, pendant l'an qui
commence.

Mais il arrive très souvent qu'en même temps que
madame ou monsieur A... envoie une de ces cartes
à madame ou monsieur Z..., madame ou monsieur Z... ont adressé une carte pareille à madame
ou monsieur A... On reçoit ce qu'on a envoyé.

C'est la même histoire de celui qui retourne des
fleurs en échange d'un cadeau de cornes, chacun
envoyant ce qu'on a chez lui. On envoie ce qu'on
doit recevoir.

CHAPITRE X

QUERELLE D'ALLEMAND. — LES DANGERS DE LA VIE
A BERLIN

Tout le monde en France sait ce que veut dire :
« Querelle d'Allemand » ; querelle pour un rien.
J'avais envie de savoir si c'était vrai que les Allemands se querellent toujours pour rien et peu de
jours après mon arrivée à Hambourg, j'ai demandé
à mes nouveaux amis de me renseigner sur ce point
particulier des mœurs allemandes.

Il se trouva que dans mes nouveaux amis de Hambourg, il y avait un médecin anglais, le docteur
Cheesman, homme fort intelligent et consciencieux
qui me tint ce propos :

« Vous avez habité l'Angleterre. Est-ce que vous
avez vu des Anglais se quereller dans la rue ? Les
Anglais se battent, mais ne se querellent pas. Com-
parez les Anglais avec les Allemands. Regardez leurs
faces. Les Anglais ont le teint de couleur rose. Ils
sont toujours en bonne santé. Les Allemands au
contraire, sont toujours maladifs. Ils ont un teint
billieux, jaune-pâle. C'est qu'ils sont pleins de bile ;
ils ne mangent jamais de la rhubarbe comme font
les Anglais.

Comme institution philantrophique, il s'est établi
en Angleterre une société de propagande pour la

rhubarbe. J'ai été nommé agent principal de cette
société pour l'Allemagne du Nord. Il y a six mois
que je suis à Hambourg ; je répète toujours à mes
patients de prendre de la rhubarbe ; mais ils n'en
veulent pas. Je suis désespéré de voir l'obstination
de ce peuple à se quereller toujours pour un rien.
Cependant j'ai gagné ici de l'argent.

— Avec votre rhubarbe ? demandai-je au médecin anglais.

— Non, avec des paris.

— Vous jouez donc ?

— Non, je n'aime pas le jeu ; mais je parie toujours. J'ai parié plusieurs fois de ne me quereller
jamais avec un Allemand et j'ai toujours gagné.
Par un de ces paris, j'ai gagné deux mille marks
(2.500 fr.). Si vous voulez m'écouter, je vous racon-
terai ce pari.

— Bien, racontez, je suis tout oreilles.

— Il y avait à Hambourg un allemand, M. Mœ-
vius, marchand de livres de son état, l'homme le
plus querelleur de toute l'Allemagne. Son commerce
n'allait pas ; il avait des querelles tous les jours
avec ses clients qui ne voulaient plus revenir chez
lui. Un de ses amis, M. Thormeyer, lui conseilla de
quitter son commerce et de se placer dans la police
secrète, de devenir ce qu'on appelle en Angleterre
un *détective*, dont la place était vacante.

— Et il l'accepta ?

— Oui, il l'accepta et on le plaça pour surveiller
tous les étrangers arrivant à Hambourg par voie de
mer. On le trouvait toujours sur les quais à l'arrivée
des bateaux et pour déguiser ses fonctions de poli-

cier, de mouchard, il demandait toujours aux passagers d'échanger avec lui des timbres-poste. Installé à sa nouvelle place, il vendit sa petite boutique de livres, prit une maison dans le quartier le plus fashionable de la ville et pour donner quelque besogne à sa femme y établit une pension de famille comme il y en a tant à Hambourg. Vous a-t-on raconté cette histoire ?

— Non, jamais.

— Donc, je continue. Personne ne pouvait rester dans cette pension plus d'une semaine. Il y avait toujours des querelles. C'était le policier ou c'était sa femme cherchant toujours des querelles à leurs pensionnaires. On me proposa un pari. Je devais devenir pensionnaire dans cette pension de famille et rester deux mois sans me quereller avec le policier ou sa femme. J'acceptai. J'avais confiance dans la rhubarbe.

— Vous avez pris votre rhubarbe tous les jours ?

— Pas tous les jours ; une fois par semaine, c'est assez pour moi. Mais je continue. J'arrive chez le policier. Il était enchanté de me tenir dans sa maison. Il était franc-maçon ; il était mon frère. Il n'avait plus aucun pensionnaire. La maison avait deux étages. Le second étage était réservé pour le policier et sa famille. Le rez-de chaussée se composait de deux salons et d'une salle à manger. Le premier étage était composé de quatre chambres pour les pensionnaires. J'ai loué les quatre chambres.

— Et pourquoi faire ?

— Selon une des clauses de mon pari il ne devait pas y avoir d'autre pensionnaire à la maison. Dès le premier jour de mon installation chez le policier, on m'a cherché des querelles ; mais j'ai ri en cachette. On m'a donné du lait mélangé avec de l'amidon ; du chocolat avec de la farine et de la margarine pour du beurre. On m'a donné aussi des cerises pourries pour tout dessert et un œuf à la coque pour tout déjeûner ou du sauccisson de bœuf. Quelques fois ils ont daigné me donner du fromage pourri et coupé en tranches très minces qui ressemblaient bien à des feuilles de papier japonais. On ne m'a plus mis ni le sucrier ni le panier au pain sur la table à manger et on a dit à la bonne de la maison :

— Il faut surveiller notre pensionnaire. Il est très méchant. Il prend des morceaux de sucre et du pain pour aller nourrir les cygnes dans l'Alster.

Un mois s'est passé ainsi. Au bout de ce temps, le policier et sa femme avaient des tête-à-tête très longs. J'ai su après que ces tête-à-tête étaient à cause du chagrin du policier. Sa femme lui demandait toujours la raison de son chagrin et le policier ne voulait rien dire. Accablé de questions, le policier dit à sa femme en sanglotant :

— Je ne puis souffrir plus longtemps le sang-froid de ce maudit Anglais. Il y a un mois qu'il est chez nous et pas de querelle encore. La bile m'étouffe.

Je lui aurais donné de la rhubarbe pour le soulager ; mais ça m'était défendu par une des clauses de mon pari. Le policier et sa femme ont alors ourdi leur dernière méchanceté contre moi. C'était en été. J'avais l'habitude de prendre un bain froid tous les matins. Ils ont caché la clef de la porte de la salle de bain et ont mis un cadenas au robinet pour que je ne puisse pas emplir la baignoire. Et bien, je n'ai dit mot. Je suis sorti tous les matins de chez moi pour prendre mon bain froid ; je suis resté à la pension pendant deux mois et j'ai gagné mon pari de deux mille marks. La pension, pour les deux mois m'avait coûté huit cents marks.

— Et cette pension de famille existe-t-elle encore ?

— Non. On a raconté la chose au policier et il s'est mis tellement en colère qu'il a battu sa femme sous prétexte d'avoir dépensé de l'argent pour mettre un cadenas au robinet de la salle de bain. La colère passée, tous les deux ont pleuré à chaudes larmes et n'ont plus voulu avoir de pensionnaires. Ils ont vendu leur mobilier et sont partis pour le sud de l'Allemagne, car la femme était de Stuttgard. Ils ne sont plus à Hambourg.

— Et dans tous les hôtels de famille à Hambourg vous cherche-t-on des querelles ?

— Non, toutes les pensions de famille à Hambourg ne sont pas tenues par des Allemands querelleurs. Il y a ici l'hôtel de famille qu'on appelle *l'Alster Pension*, dont le propriétaire est un Américain du Sud fort aimable. C'est là que j'ai installé mon cabinet pour la rhubarbe. Si vous en avez besoin quelquefois, je suis à votre disposition. Avez-vous mangé de la rhubarbe en Angleterre ?

— Oui, très souvent, dans la pâtisserie, en été et en marmelade en hiver.

— Au moment où le printemps va faire croître dans nos jardins anglais les belles tiges de la rhubarbe que dans le continent on prend comme plante décorative, il vous sera utile de savoir qu'en les dépouillant de l'enveloppe rouge qui les recouvre, on les emploie excellement pour garnir des pâtés, des tartes, absolument comme on met des tranches de pommes. Nous négligeons trop les végétaux qui offrent cependant tant de ressources économiques et hygiéniques.

La rhubarbe est très bonne, c'est le remède par excellence pour la bile ; mais les Allemands n'aiment pas la rhubarbe ni dans la pâtisserie ni en marmelade. Ils sont à l'égard de la rhubarbe comme les chiens enragés envers l'eau ; ils ne veulent pas y toucher et sa vue leur fait du mal. J'ai fait pour eux de la *Rhabarber-Wein* (Du vin à la rhubarbe) ; mais ils n'en veulent pas non plus. Maintenant je pense arriver à mes fins car je suis en train de monter une *Englischerhabarberbräuereiaktiengesellschaft*. Savez-vous ce que ça veut dire ?

— Oui, je comprends un peu l'allemand, cette langue de chevaux, comme on dit que l'empereur Charles V l'a appelée. Vous êtes en train de monter une brasserie anglaise à la rhubarbe par voie d'une compagnie par actions.

— Vous avez bien compris. Les Allemands ne sont pas des hommes d'affaires ; c'est M. Cecil Rhodes qui le dit ; mais ils aiment la bière. Il prendront de la bière à la rhubarbe. Et comment trouvez-vous l'allemand ? Avec un mot allemand de quarante-quatre lettres *Englischerhabarberbräuereiaktiengesellschaft*, on exprime une idée, dont la traduction française a besoin au moins de onze mots pour être complète.

— Je trouve l'allemand très pratique.

Le docteur Cheesman a monté à Hambourg une brasserie à la rhubarbe ; mais on m'a dit après qu'il a fait faillite et qu'il était parti pour Munich, ou on donne aux bébés des biberons à la bière. Peut-être là-bas, réussira-t-il avec sa brasserie à la rhubarbe.

Le jour de mon arrivée à Berlin, M. Nagel, le propriétaire de l'hôtel où je suis descendu, m'a fait un petit cadeau très utile. C'était un guide de Berlin, dont les pages sont divisées en deux colonnes. La première colonne est en allemand et la seconde en anglais. Je pense que c'est un guide semi-officiel. On en fait vingt mille exemplaires tous les ans et on les donne gratis.

J'ai commencé à lire ce guide avec beaucoup d'attention ; mais en arrivant à la page 270, je me suis arrêté avec étonnement. J'y lus en allemand :

« *Das Leben in Berlin hat seine Gefahren* ».

Et en anglais :

« *Life in Berlin has its dangers* ».

Ce qui veut dire en français :

« *La vie à Berlin a ses dangers* ».

— Comment, dis-je, la vie à Berlin a des dangers, c'est bon de le savoir et je vais tout de suite demander au propriétaire de l'hôtel de me renseigner sur ce point le plus intéressant de la vie. Le propriétaire de l'hôtel, un homme très avisé, craignant de perdre un client, essaya d'abord de dissiper toutes mes inquiétudes ; mais à la fin, il me dit :

— Je crois que M. Killisch a bien fait dans son guide, de prévenir les étrangers arrivant à Berlin, qu'il y a des dangers pour la vie dans la capitale de l'empire allemand ; mais il ne dit pas quels sont ces dangers. Et bien, ces dangers, je vais vous les faire connaître, c'est à cause des Meggellin.

— Des Meggellin ? Qu'est-ce que vous voulez dire ?

— C'est le nom qu'on donne à Berlin aux femmes querelleuses.

— Et pourquoi les appelle-t-on comme ça ?

— A cause de deux sœurs dont leur nom était Meggellin. Elles étaient la terreur des environs de la gare du *Westend*. Leur nom de guerre était Borstein ; c'est du vieil allemand ; mais aussitôt qu'on voyait les Meggellin ou les Borstein, on les fuyait comme on fuit devant la peste bubonique.

— Et les gardiens de la paix ?

— Les gardiens de la paix étaient des amis des Meggellin. Les deux sœurs avaient une gallerie pour le tir à la cible (*Schützenhaus*) qui était en même temps un café-concert où les gardiens de la paix des environs allaient souvent pour se rafraîchir et s'amuser. Les Meggellin étaient deux demi-actrices aux cheveux décolorés en blond et à la figure colorée ou maquillée en rose. Elles chantaient des chansonnettes à la mode et on pouvait les voir toutes décoltées débiter leurs chansonnettes tous les soirs dans leur petit théâtre dont l'entrée était de vingt pfennigs (25 c.) dans la semaine et de vingt-cinq pfennigs les dimanches et jours de fête.

— Et les avez vous connues ces Meggellin ?

— Oui, à l'occasion d'un de leur plus grands exploits et dont tout Berlin parla pendant très longtemps.

Les Meggellin étaient venues à l'une des matinées du théâtre des Variétés appelé le *Wintergarten* (Jardin d'Hiver). A la sortie du théâtre, les Meggellin cherchèrent querelle à une dame au moment où celle-ci montait en voiture. La dame ne répondit point aux cris insolents des querelleuses, ce qui mit les Megellin fort en colère. Elles appelèrent alors un sergent de ville, pour faire arrêter la voiture ; mais le sergent de ville arriva trop tard ; le fiacre était parti. On constata seulement que la voiture avait quitté la Friedrich Strasse (Rue de Frédéric) pour s'engager dans la Leipziger Strasse (Rue de Leipzig).

— C'est tout ?

— Non. Le jour suivant les Meggellin revinrent au théâtre chercher la dame et ne la trouvèrent point. Alors elles appelèrent un commissionnaire.

— Voulez-vous gagner un mark ? dirent les Meggellin au pauvre homme.

— Mais, oui, répondit celui-ci, qu'est-ce qu'il faut faire ?

— Ecoutez. Il y a une dame qui n'est ni grande ni petite ; ni maigre ni grosse ; ni blonde ni brune ; mais elle porte un chapeau blanc avec une grande plume noire. Elle vient en voiture par la Friedrich Strasse et tourne après par la Leipziger Strasse. Si vous voyez cette dame, il faut la faire arrêter.

Quelques jours se passent. Le commissionnaire avait presque oublié l'ordre des Meggellin, quand tout d'un coup, se trouvant de grand matin au coin des rues indiquées de Frédéric et de Leipzig, il voit une dame en voiture coiffée d'un chapeau blanc avec une grande plume noire.

— Et que fit le commissionnaire ?

— Le commissionnaire appela un sergent de ville
et fit arrêter la voiture et conduire la dame au poste
de police, malgré les protestations indignées de la
prisonnière.

— On peut donc faire arrêter tout le monde en Allemagne et conduire qui bon vous semble au commissariat de police sans mandat d'amener d'autorité judiciaire ?

— Oui, ça se voit tous les jours chez nous. Les
Allemands, sans s'être jamais vus, sans se connaître, se querellent toujours dans la rue. C'est
pour cela qu'à Berlin on a fait des trottoirs bien
larges, pour éviter les querelles. Le plus violent
fait arrêter son adversaire. Conduite au commissariat de police, la personne amenée est interrogée.
Elle doit donner son adresse. On la contrôle en
cinq minutes au moyen du théléphone et si on
la trouve exacte, on la remet en liberté. Celui
qui la fait arrêter connaît maintenant son adresse
et il peut porter plainte contre elle ou la poursuivre judiciairement ou criminellement. L'a-
dresse de tous les habitants de l'empire allemand se
trouve dans les commissariats de police au moyen
des bordereaux blancs ou verts qu'on doit remplir
à chaque déménagement.

— Alors, on relâcha bien vite la dame arrêtée par
le commissaire ?

— Amenée au poste, le commissaire de police interrogea la dame. Celle-ci déclara être arrivée la
veille et n'avoir point de passeport. Elle était Ba-
doise et mariée ; son mari était militaire et en gar-

nison à Baden. Elle n'avait jamais vu les Meggellin.

— On lui dit naturellement alors de s'en aller et
le commissionnaire lui fit des excuses ?

— Pas du tout. Le commissaire de police lui dit
alors :

— Madame, vous resterez au dépôt jusqu'au moment où votre mari viendra vous réclamer et appor-
tera votre passeport. On ne vient pas à Berlin sans
passeport.

La dame télégraphia à son mari et celui-ci arriva
trois jours après avec le passeport de sa femme qui
fut alors relâchée. Cette dame était descendue à
mon hôtel. On fit grand bruit à Berlin de ce scan-
dale ; mais peu de personnes connaissent le reste de
cette affaire.

Le mari de la dame chargea le *Rechtsanwalt* (avocat) Hertwig de porter plainte contre le commissionnaire et les Meggellin ; mais il fut débouté en deux
instances. La procédure déclara que le commissionnaire n'avait fait autre chose que remplir son devoir. On l'avait chargé d'une commande et il l'avait
faite. Pour ce qui concerne les Meggellin on déclara
aussi qu'elles s'étaient trompées, tromperie dont on
n'avait rien à leur demander.

— Et c'est tout ce qu'ont dit les Meggellin,
qu'elles s'étaient trompées ?

— Non, elles ont dit aussi que la dame qui était
partie en fiacre, les avait appelées *Schneppen* (Cocottes). C'était un gamin qui, caché derrière la dame
visée par les Meggellin avait crié cocottes ; et elles
étaient parties en colère contre cette dame sans s'in-

former de rien. Les Meggellin avaient du délire pour les chapeaux. Elles portaient toujours d'énormes chapeaux pour appeler l'attention et le joli chapeau blanc avec plume noire de la dame visée par elles, les avait rendues jalouses.

— Mais pourquoi les Meggellin ont-elles pris pour elles le mot de cocottes dit par le gamin?

— Oh ! c'était dans leur conscience.

— Est-il possible que ces choses se passent à Berlin ?

— Oui, et vous allez savoir pourquoi. Les Meggellin étaient plus que des *protégées* de deux membres du pouvoir judiciaire nommés Schaeffer et Wagner, dont Berlin gardera toujours le souvenir avec tristesse.

On a demandé aux Megellin si elles n'avaient pas peur des conséquences de ce qu'elles avaient fait, mais elles ont dit :

— Oh, non. Nous n'avons peur de rien. Nous avons des *protecteurs*.

Ces *protecteurs* étaient les nommés Schaeffer et Wagner.

— Et tous les membres du pouvoir judiciaire à Berlin sont comme les nommés Schaeffer et Wagner ?

— Non. Ils forment une exception. Dans tous les pays civilisés du monde on recommande toujours aux étrangers d'éviter toute querelle dans les rues, dans les théâtres, dans les restaurants, dans tous les lieux publics ; mais en Allemagne, on doit faire le contraire.

— On ne doit pas éviter les querelles en Allemagne ? L'étranger doit donc devenir querelleur comme l'Allemand ?

— Oui ; on ne doit pas éviter les querelles en Allemagne. L'Allemand supporte l'insulte très volontiers ; mais il ne peut souffrir le mépris. Si un Allemand vous insulte, insultez-le ; il criera ; alors criez plus fort que lui et il s'en ira content. Son accès bilieux aura vite passé. Mais si vous évitez la querelle, si vous affectez de mépriser un Allemand, il se mettra en colère et vous fera arrêter. Savez-vous combien gagnent par an les avocats qu'on nomme ici *Beleidigung-Rechtsanwalt* (avocat d'offense ou insulte) ?

— Non, je ne sais pas.

— Il y a chez nous des avocats dont le métier spécial est de plaider, de présenter des plaintes pour insulte ou offense. Ce sont des gens très habiles, de grand talent qui gagnent de vingt-quatre mille à trente-six mille marks par an et quelquefois plus.

— C'est une bonne rente.

— L'esprit de querelle chez l'Allemand est si fort, qu'à Berlin le gouvernement s'est vu obligé d'avoir un juge (*Schiedsrichter*, juge arbitre) dans chaque rue pour mettre en paix les querelleurs ; mais l'esprit de querelle est encore aiguisé chez l'Allemand quand il pense qu'on le regarde avec mépris ; et ce sera assez difficile pour vous de croire ce que je vais vous dire.

Une famille Allemande est en fête la veille du nouvel an. C'est la fête de saint Sylvestre. On danse, on joue du piano ; on boit de la bière ; on fait du

bruit. Les fenêtres rayonnent de la lumière des becs
de gaz qui éclairent les salons. Quelques passants
attardés s'aperçoivent de la fête et savez-vous ce
qu'ils font?

— Ils demandent peut-être à être invités à la
fête.

— Non ; ils crient :

— *Prosit neu jahr ! Prosit neu jahr ! Prosit neu jahr !*
(Heureux nouvel an).

Quand ça arrive, il faut ouvrir les fenêtres ou la
porte de la rue et répondre aux passants cri par cri.
On crie d'une part et d'autre et après, les passants
suivent leur chemin et les gens en fête rentrent à la
maison ou ferment leurs fenêtres. Si on ne fait pas ça,
les passants se mettent en colère, prennent des cailloux et brisent les carreaux des fenêtres. On les a
méprisés. Vous comprenez maintenant la colère
des Meggellin. La dame insultée par elles, les avait
méprisées. Elle ne daigna pas répondre aux insultes
de celles qu'on avait appelées des cocottes. Maintenant vous êtes bien renseigné sur les dangers de la
vie à Berlin.

— C'est tout ?

— Il y a d'autres dangers à Berlin ; mais je pense
que vous n'êtes pas juif. Ce sont les juifs qui ont le
plus à souffrir de l'esprit de querelle des Allemands.
Il y a chez nous des hôtels, des restaurants dont les
propriétaires ont été forcés de mettre cet avis :

Hier empfängt man keine Juden.

Ici on ne reçoit pas les juifs.

On a répandu l'idée dans toute l'Allemagne que
tous les juifs ont des cheveux noirs et le teint brun ;

et quelquefois il y a des méprises fort bizarres.
Connaissez-vous déjà le nouveau *Café Victoria*, au
coin de la *Friedrich Strasse* et de *Unter den Linden* ?

— Oui, un bel établissement qui fait honneur à
Berlin.

— Pas beaucoup, au moins en ce qui touche la
langue française. Son propriétaire fait annoncer
dans les journaux que chez lui on trouve du *Café à
la Paris*.

— Il veut dire peut-être café à la parisienne ?

— Oui, c'est ça. Et bien, des Portugais négociants
en vins d'Oporto, étaient venus à Berlin faire des
contrats pour leur marchandise. Ils étaient bien
bruns ces Portugais. Le jour de leur arrivée à Berlin, ils sont allés s'attabler au *Café Victoria* pour goûter un peu la bière allemande.

— Est-ce qu'ils ont dit : Comme elle est mauvaise
la bonne bière ?

— Je ne sais pas ; mais tout près de leur table, il
y avait des Allemands querelleurs qui prenaient
aussi de la bière. Ces Allemands ont pris les Portugais pour des juifs et ont crié plusieurs fois :

— *Juden, raus ! Juden, raus ! Juden, raus !*

C'est-à-dire : Hors les juifs ! Hors les juifs ! Hors
les juifs !

— Une querelle s'en est suivie entre les Portugais
et les Allemands ?

— Non. Les Portugais ont porté plainte au propriétaire du *Café Victoria*. Celui-ci a fait voir aux
Allemands que les messieurs attablés tout près
d'eux, n'étaient pas des juifs, mais des catholiques
portugais.

— Et les Allemands ont fait des excuses au Portugais ?

Les Allemands se sont mis à crier plus fort encore :

— *Prosit ! Prosit ! Prosit !*

C'est-à-dire : A votre santé ! A votre santé ! A votre santé !

Et ils ont bu de la bière ; et ont demandé encore de la bière pour eux et pour les Portugais et tous ont vidé leur bocks au cris répétés de :

— *Prosit ! Prosit ! Prosit !*

Et Allemands et Portugais ont choqué leurs verres tant de fois, que le propriétaire du *Café Victoria* a été obligé de leur demander de ne pas les choquer aussi fort, de peur de les briser. Vous voyez, les Allemands ne sont pas méchants. Trouvez-vous une petite bête qui leur ressemble?

— Non.

— Et bien ; les Allemands ont le teint jaune ; ils se querellent souvent et chantent toujours. Ne devinez-vous pas?

— Vous voulez dire des serins ?

— Oui ; vous avez deviné. Et savez-vous pourquoi les Allemands ont tant fêté les Portugais marchands de vin d'Oporto ?

— Non ; je ne sais pas.

— C'est qu'on fait en Allemagne plus de vin d'Oporto qu'on en consomme au Portugal.

— Mais on ne boit pas beaucoup de vin d'Oporto en Allemagne.

— Tout le vin d'Oporto qu'on fait chez nous, on l'envoie au Portugal. On le dépose là-bas pour quelque temps en douane et après il arrive en Angleterre. C'est du vrai vin d'Oporto. On le reçoit du Portugal, du pays d'origine, pas de chez nous. Les Anglais ne s'en doutent pas. Les Allemands sont très ingénieux.

Eh bien, les Portugais du *Café Victoria* étaient venus à Berlin pour *acheter*, non pas pour *vendre*, du vin d'Oporto, de ce vin qu'on fait chez nous pour l'expédier en Portugal. Vous trouverez ça très drôle ; mais vous devez savoir aussi qu'on fait en Allemagne plus de vin de Champagne que l'on en fait en France ; du *echt Champagnerwein* ; du vrai vin de Champagne, *made in Germany*, d'après la légende imposée au monde par le président Mac-Kinley ; et ce vrai vin de Champagne se vend chez nous au prix incroyable de un mark vingt pfennigs la bouteille.

Je reviens aux juifs.

Un coiffeur de Berlin nommé *Hübscher*, de la *Burgstrasse* (rue de Burg), nº 9, a gagné beaucoup d'argent avec une petite espièglerie de son invention. Il a fait annoncer dans tous les journaux de Berlin une double teinture pour faire devenir blonds et jaunes les juifs bruns aux cheveux noirs.

— Et il a vendu beaucoup de flacons?

— Oui ; et il en vend toujours. Allez un vendredi ou un samedi soir à la Synagogue de l'*Oranienburgerstrasse* (rue d'Oranienbourg), vous n'y trouverez que des juifs jaunes aux cheveux blonds. C'est qu'ils ont été chez le coiffeur de la rue de Burg, nº 9. Déguisés en blond, les juifs allemands sont méconnaissables. Ils ont entrée libre dans tous les hôtels et cafés. Personne ne leur dit rien.

— Pouvez-vous me dire pourquoi on hait les juifs en Allemagne ?

— Parce que le juif allemand ne veut pas travailler. Il veut être banquier, rentier, vivre de son argent ; mais travailler, point. C'est tout ce que j'ai à vous dire pour le moment. M. Killisch a été bien maladroit de mettre dans son guide qu'il y a à Berlin des dangers pour la vie. Tous les dangers qu'il y a à Berlin pour la vie, c'est de se trouver avec des Meggellin protégées par des membres du pouvoir judiciaire comme Schaeffer ou Wagner.

Peu de temps après cette longue conversation avec le propriétaire de mon hôtel, j'étais invité par une riche famille allemande pour fêter chez elle la veille du premier jour du nouvel an. Minuit n'était pas encore sonné, quand j'entends des cris venant de la rue. La dame de la maison ordonne tout de suite d'ouvrir les fenêtres et prie les jeunes gens parmi les convives de répondre aux cris des passants. Pendant quelques minutes on cria d'une part et d'autre :

— *Prosit neu jahr ! Prosit neu jahr ! Prosit neu jahr !*

Et après les passants mirent fin au vacarme avec ces paroles :

— Amusez-vous bien ! Adieu ! Au revoir !

Après leur départ, un des jeunes gens de notre compagnie, qui avait le plus crié : *Prosit neu jahr !* dit en fermant une des fenêtes de la maison :

— Nous avons acheté cette nuit des nouveaux carreaux. Ces malandrins avaient déjà des cailloux pour briser plus que la maison n'en a.

Et la maison en avait beaucoup. C'était une très jolie villa dans la Leibnizstrasse (rue de Leibniz). La famille qui donnait la fête était fort riche. M. Haugke avait gagné beaucoup d'argent avec l'expropriation des vieilles maisons de Berlin pour la construction du *Stadtbahn* (le Métropolitain ou chemin de fer de la ville).

De retour chez moi, j'ai raconté au propriétaire de mon hôtel ce qui s'était passé à la villa de la rue de Leibniz, n° 18 pendant la veille du premier jour du nouvel an ; et rayonnant de joie il me dit :

— Je vous avais bien renseigné. Ce sont de vraies mœurs allemandes. Il faut les connaître pour en goûter bien la saveur. Et ce M. Killisch qui affirme que la vie à Berlin a des dangers ! Il n'en sait rien !

— Mais mettez à la place de la famille allemande de la rue de Leibniz, une famille étrangère ignorant les mœurs allemandes. Tous les carreaux de la maison auraient été cassés.

— Ah ! c'est que les familles étrangères qui viennent à Berlin ne doivent habiter que l'hôtel.

— Oui, j'en conviens avec vous ; mais la vie d'hôtel est bonne pour quelques jours seulement.

— Et bien, après quelques jours, après avoir connu la ville, les étrangers doivent quitter Berlin. L'Allemagne est pour les Allemands ; pas pour les étrangers.

Est-ce la même chose que dit en France le chauvinisme français :

— La France aux Français !

Je pense que non. La France aux Français, veut

dire la France gouvernée par une politique française
et pleine d'étrangers à écus à dépenser. L'Allemagne pour les Allemands signifie que les étrangers
ne peuvent habiter l'Allemagne que pour des
affaires ; mais jamais pour plaisir.

12.

CHAPITRE XI

A LA « JULIUSTURM » — UN PRISONNIER DE GUERRE
— LA CHAMBRE DE VOLTAIRE AU PALAIS DE SANS-
SOUCI — LE MOULIN HISTORIQUE DE FRÉDÉRIC II
— UN CICÉRONE MILITAIRE.

Mon propriétaire à Berlin, m'avait dit :

« L'argent français que nous avons reçu, nous le
gardons. C'est un prisonnier de guerre. Vous pouvez le voir bien gardé à Spandau, pas très loin
d'ici ».

En effet, Spandau n'est pas très loin de Berlin et
il y a là-bas *un prisonnier de guerre*. On le garde avec
maints soldats dans la citadelle de cette ville, citadelle appelée la *Juliusturm* (La Tour de Jules).

La *Juliusturm* est une vieille forteresse bâtie en
briques rouges, et elle ne ressemble en rien ni à la
Tour de Londres, que l'on voit sur la Tamise, ni à la
Bastille qu'on a démolie à Paris. Il y a un grand
fossé tout autour de la citadelle et on n'arrive à la
Juliusturm que par un pont.

Tout près de l'entrée de ce pont, il y a deux grands
marronniers, plantés l'un à droite et l'autre à gauche. Dans celui de droite, rien à noter si ce n'est une
boîte à lettres ; mais celui de gauche, a deux mètres
de haut, il se divise en six branches énormes, qu'on
dirait six marronniers plantés sur un autre marron-

nier. C'est un bel arbre qui doit avoir bien des années.

Au pied de ce bel arbre se tient pendant la belle saison une vieille femme. C'est une marchande d'*Ansichtskarten* (cartes postales illustrées).

A notre arrivée devant la *Juliusturm*, la vieille femme nous offrit sa marchandise. Mes enfants lui achetèrent une collection de cartes postales avec des illustrations de Spandau et on causa un peu.

— Vous allez visiter la Juliusturm ? nous demanda la bonne femme. Avez-vous des cartes d'entrée ? (Einlass-Karten). Si vous n'en avez pas, vous ne pourrez rien voir.

— Nous en avons, dis-je à la marchande des cartes postales. On nous en a donné au ministère de la guerre à Berlin.

— C'est bien. Autrement on vous eût fermé la porte au nez comme on fit le mois dernier à un Anglais qui n'en avait pas.

— Quel Anglais ? demandai-je à la bonne femme. Vous ne voulez pas nous dire que c'est le prince de Galles.

— Oh, non ! Ce n'est pas le prince de Galles celui qui a essayé d'entrer ici le mois dernier. C'est M. Cécil Rhodes, qui est venu dans l'après-midi pour voir la *Juliusturm* et on ne l'a pas laissé entrer. Je le lui avais dit auparavant :

— Si vous n'avez pas de carte, on ne vous laissera pas entrer.

Mais M. Rhodes à toutes mes questions ne repondait que ces paroles :

— Oh, yes ! Oh, yes ! Oh, yes !

Et il a néanmoins prétendu qu'on lui fit voir l'intérieur de la citadelle. Il est allé jusqu'à la porte de la *Juliusturm* et là, la sentinelle l'a arrêté en lui demandant :

— Que voulez-vous ?

M. Rhodes lui répondit :

— Je veux visiter la citadelle.

— Avez-vous une carte d'entrée ? lui demanda encore la sentinelle.

— Non, dit M. Rhodes, je n'en ai pas.

— Alors vous ne pouvez pas entrer.

— Oh, yes, fit M. Rhodes, je demande la permission de visiter la citadelle. On m'a dit à Berlin qu'un Anglais comme moi n'a pas besoin de carte d'entrée, on n'en donne pas, c'est inutile.

— Si c'est comme ça, répondit le soldat, je vais demander la permission à mon caporal.

La sentinelle appelle alors son caporal et lui dit :

— Un Anglais veut visiter la citadelle sans carte d'entrée ; il prétend qu'on n'en donne pas à un Anglais comme lui, que c'est inutile.

Le caporal répondit ;

— Je vais demander la permission à mon sous-officier.

Et il alla chez son sous-officier et lui posa la même question. Le sous-officier répondit :

— Je vais demander la permission à mon sous-lieutenant.

Et il alla chez son sous-lieutenant et lui posa la même question. Le sous-lieutenant répondit :

— Je vais demander la permission à mon lieutenant.

Et il alla chez son lieutenant et lui posa la même question. Le lieutenant répondit :

— Je vais demander la permission à mon capitaine.

Et il alla chez son capitaine et lui posa la même question. Le capitaine répondit :

— Je vais demander la permission à mon colonel.

Et il alla chez son colonel et lui posa la même question C'était fini. Le colonel commandant la citadelle répondit :

— *Rraus* ! (Contraction de *heraus*).

Le capitaine alors rebroussa chemin et dit au lieutenant :

— *Rraus* !

Le lieutenant se tourna et dit au sous-lieutenant :

— *Rraus* !

Le sous-lieutenant à son tour dit au sous-officier :

— *Rraus* !

Et le sous-officier rebroussa chemin et dit au caporal :

— *Rraus* !

Et le caporal répéta à la sentinelle :

— *Rraus* !

Et la sentinelle cria à l'Anglais stupéfait :

— *Rraus* ! (Dehors !)

— *Rraus* ! *Rraus* ! *Rraus* ! répéta la bonne femme. Et elle ajouta :

— M. Cécil Rhodes rebroussa chemin et s'éloigna en chantant :

— *Rraus* ! *Rraus* ! *Rraus* !

— Et comment savez-vous que c'est M. Cécil Rhodes l'Anglais qui est venu le mois dernier pour voir la *Juliusturm* ?

— Mais, Monsieur, très facilement Le fait est con-
signé dans la *Spandauer Zeitung* (Gazette de Spandau).
Voyez, lisez vous-même.

C'est le même monsieur qui vint chez nous chercher l'argent qu'on garde à la *Juliusturm*, l'argent
pour faire le chemin de fer du Caire au Cap. Notre
empereur ne voulut pas lui donner un *groschen*
(12 1/2 cs) et c'est pour ça qu'il s'en alla disant que
les Allemands ne sont pas des hommes d'affaires. On
lui avait dit aussi *Rraus* !

La bonne femme me montra alors un journal ;
mais je n'avais ni l'envie ni le temps pour lire la
Spandauer Zeitung.

M. Cécil Rhodes n'a rien perdu. Il n'y a rien à voir
à l'intérieur de la citadelle de Spandau. Une grande
cour, des casernes et des soldats, c'est tout. Le *Reichsgeld* (argent de l'empire), le prisonnier de guerre, est
enfermé dans la tour de la citadelle. Personne n'y
monte. On ne peut pas voir l'argent français qu'on
y garde. Mon propriétaire n'avait pas dit vrai.

A notre sortie de la citadelle, la marchande de
cartes-postales nous demanda :

— Que pensez-vous de la *Juliusturm* ? Elle est bien
vieille, *nicht wahr* ? (n'est-ce pas ?)

— Oui, elle est bien vieille. Savez-vous combien
d'années elle compte ?

— Je ne sais pas. Tout ce que je puis vous dire,
c'est qu'elle a été bâtie par l'empereur Jules César,
à son retour de Judée, quand il vint conquérir l'Allemagne. C'est pour ça qu'on l'appela la *Juliusturm* (la
Tour de Jules).

— Comment, Jules César a conquis l'Allemagne à
son retour de Judée ?

— Mais, oui, Monsieur. N'avez vous pas appris l'histoire sainte à l'école ? J'ai appris tout ça, toute petite à l'école, en Pologne. Jules César est allé à Jérusalem faire la proposition aux juifs de mettre de côté leur Dieu Jehovah et prendre Jésus-Christ à sa place. Les juifs n'ont pas voulu changer leur Dieu pour un autre ; ces changements sont du paganisme. Alors Jules César appella les Turcs qui prirent Jésus-Christ pour leur Dieu et s'établirent en Palestine. Pour punir les juifs de n'avoir pas voulu changer leur Dieu, Jules César les conduisit en Allemagne jusqu'à Spandau, où il leur fit bâtir la citadelle qui porte son nom. C'est pour ça que tout le monde est juif à Spandau. Vous voyez que je suis très forte en histoire sainte.

— Je le crois bien, Madame. Vous êtes donc juive, car vous êtes de Spandau.

— Oui, Monsieur, je suis juive, mais je ne suis pas de Spandau. Je suis juive polonaise. Jules César laissa plusieurs colonies juives sur sa route de Jérusalem jusqu'à Spandau, surtout en Pologne. Je suis venue à Spandau à cause de mes malheureux fils. J'avais cinq fils. La Prusse me les a tous pris et amenés à la guerre. Un est mort au Danemark, un autre en Autriche et les trois derniers en France. Ils sont tous partis de Spandau pour aller à la guerre.

La pauvre femme pleura un peu en parlant de ses cinq fils morts à la guerre ; mais elle essuya ses larmes avec le revers de sa main et ajouta :

— Et que dites-vous, Monsieur, de l'argent que l'on garde là-bas ? Cinq milliards de thalers ! (Un thaler, 3 fr. 75). C'est la forte somme !

— Je pense qu'il n'y a pas là tant d'argent. La rançon de la France n'a été que de cinq milliards de francs et on n'a pas tout gardé.

— Oui, Monsieur, cela est vrai ; mais l'argent pousse comme les champignons. Mettez de l'argent à la caisse d'épargne, et vous verrez comme ça pousse tous les ans. Ce sont les intérêts. Eh bien, cet argent-là, croyez-vous qu'il ne pousse pas ? Pas sot le Fürst Bismarck qui a mis cet argent à la *Juliusturm*. C'est la caisse d'épargne de l'empire allemand.

— Vous parlez comme un sage, Madame.

— Et on ne dépense pas un sou, pas même pour qu'on puisse marcher sans se faire du mal par les rues de Spandau. Mais cela va bientôt finir. Ne lisez-vous pas les journaux ? Voyez ici la bonne nouvelle.

« Un Allemand, M. Jean Wickmann, natif de Spandau, est parti âgé de vingt ans pour le Haut-Pérou où il a vécu pendant soixante années sans parler un mot d'Allemand. Étant devenu très riche avec l'exploitation des mines d'argent, il lègue à sa ville natale la somme de cent mille dollars pour mettre en bon état le pavé des rues de Spandau ».

— Que pensez-vous de ça, Monsieur ? Nous avons ici, enfermés à la *Juliusturm* cinq milliards de thalers; mais les Allemands ne sont pas des sots pour dépenser cet argent. Il faut qu'on nous envoie de l'Amérique un legs pour pouvoir marcher dans les rues de Spandau sans se casser le cou. Retournez-vous à Berlin par le chemin de fer.

— Non, madame. Nous allons à Potsdam par bateau. Si vous voulez nous dire le chemin pour aller à la station ?

— C'est par là que vous devez prendre ; mais gare au chemin ; très souvent on se casse le cou avant d'arriver à l'embarcadère.

Il me semble que cette bonne femme était un peu détraquée. Mais que voulez-vous ? Avoir perdu cinq fils à la guerre ; arriver à la vieillesse sans un sou et être obligée de vendre des cartes postales devant une forteresse ou on a mis des millions gagnés à la guerre et qu'on garde pour faire la guerre ? Voilà assez de choses pour tourner la tête à une pauvre femme !

La traversée par bateau de Spandau à Potsdam, est fort belle. La Havel est une rivière ; mais ce sont plutôt des lacs plus ou moins grands réunis par des étroits canaux.

On peut dire d'elle tout le contraire de ce que Manzoni raconte du lac de Como dans *I pro messi Sposi* : Ceci *prende corso é figura di fiume, per repligiar poi nome di lago. La Havel prende corso e figura di lago, per repligiar poi nome e figura de fiume.* (Prend course et figure de rivière, pour reprendre après nom de lac. Prend course et figure de lac, pour reprendre après nom de rivière).

Avant d'entrer dans les étroits canaux de la Havel, il est bon de savoir si le bateau de l'empereur n'est pas là, car *quand l'empereur navigue sur la Havel...*

Les grandes eaux à Sans-Souci ne sont pas les grandes eaux de Versailles. Cependant, elles attirent beaucoup de monde. Nous étions assis sur un des bancs de marbre, regardant le beau spectacle et causant en famille, sans faire attention à un vieux monsieur à longue barbe blanche qui se trouvait aussi assis sur le même banc que nous.

Mais il était tout oreilles à ce que nous disions. Etait-ce un espion ? Etait-il un dénonciateur ? Pas du tout.

Il nous dit en allemand :

— Je vous ai pris tout d'abord pour des Français ; mais vous ne parlez pas français. Quel langage parlez vous s'il vous plaît ?

— Nous parlons toujours l'espagnol en famille.

— Vous êtes alors des Espagnols ?

— Pas Espagnols, mais des descendants d'Espagnols.

— De quel pays, s'il vous plaît ? nous demanda encore le vieux monsieur à barbe blanche.

— De la Colombie et du Pérou.

— C'est dans le Sud de l'Afrique, n'est-ce pas ?

— Oh, non !

— Ce n'est pas dans le Transvaal ?

— Oh, non ! C'est dans l'Amérique.

— Alors vous êtes des Anglais ?

— Pas des Anglais ; des Espagnols de l'Amérique du Sud, des Hispano-Américains.

Le bon homme fit mine de comprendre ; mais je pense qu'il ne comprit rien du tout. Ceci n'a rien d'étonnant. L'apprentissage de la géographie en Allemagne de même qu'en Angleterre et en France, laisse beaucoup à désirer Prenez par exemple un élève français. Il vous dira par cœur le nom des quatre-vingt-trois départements de la France, leur chef-lieux et le reste ; mais demandez-lui où est une des républiques hispano-américaines, n'importe

laquelle et il vous répondra qu'elle est dans le Transvaal, c'est-à-dire dans l'Afrique du Sud. Et savez-
vous pourquoi il vous donnera cette réponse ? Simplement parce que l'on parle maintenant beaucoup
du Transvaal, à cause de la guerre des deux républiques boers avec les Anglais.

Après, le monsieur à barbe blanche nous raconta
son histoire. Il avait soixante-dix ans. Il était né
dans les provinces du Rhin, mais il n'était pas
catholique. Son père avait été un protestant de
Brandebourg. Après avoir servi vingt-cinq ans dans
la garde du vieil empereur, il était arrivé au grade
de sergent-major et le gouvernement impérial l'avait
mis à la retraite. Il était pensionnaire à Potsdam,
où on l'appelait toujours « le dernier commandant
de la garde de l'Empereur Guillaume Ier », et très
rarement le colonel Houlsbonn qui était son vrai
nom.

— Si vous allez monter pour voir le château,
nous dit-il, après avoir fini de nous faire son auto-
biographie, permettez-moi de vous renseigner sur
l'histoire du Sans-Souci. Ce sera un véritable plaisir
pour moi. J'aime tant tout ce qui se rattache à notre
grand roi Frédéric II.

Cette offre n'avait rien d'étrange. Celui qui connaît
l'allemand trouve partout dans ce pays un monsieur
qui se fait un plaisir de lui raconter l'histoire des
lieux qu'on visite. Ce sont des ciceroni fort aimables
et qui souvent vous invitent à boire un bock de
bière, sans attendre de récompense.

— Voyez-vous ce masque, ajouta notre cicerone,
nous indiquant un masque en marbre placé sur une

colonnette. C'est celui d'un chevalier espagnol du temps de Philippe II ; Napoléon Ier le prit pour un des musées de Paris ; mais Blücher le ramena après la restauration des Bourbons. Aimez-vous les Bourbons ? Je crois que ce sont des rois fanatiques.

— Nous sommes des républicains et nous n'avons pas d'opinion sur les rois.

— Nous avons eu de grands rois et Frédéric II était non seulement un grand roi, mais un grand philosophe et un grand farceur. Il fit une bonne farce à son grand ami Voltaire, le jour de sa réception au château de Sans-Souci. Le philosophe français se fâcha, sortit de sa chambre comme un diable tout en colère et voua une haine terrible au roi Frédéric II en quittant le palais de Sans-Souci. C'était à mourir de rire. Voltaire fuyait, fuyait comme un fou vers Potsdam ; mais le bon roi le fit ratraper et on le ramena en riant à la salle à manger. On mangea de bon appétit, on rit, on s'amusa et on oublia tout.

— Et vous oubliez aussi de nous raconter la farce que...

— Ah, oui ! La farce, la voilà ! C'est la chambre de Voltaire.

C'est la première chambre qu'on voit au palais de Sans-Souci. Elle n'est pas grande ; mais elle est très jolie. Les murs sont en boiserie vernie, piqués de singes et perroquets de toutes sortes, en relief et en couleurs. De la corbeille à papier et de l'encrier sortent aussi des singes et des perroquets. Et après ce sont des fleurs en porcelaine dans tous les meubles, dans toutes les lampes, dans tous les miroirs.

Notre cicerone nous dit alors :

— Comprenez-vous la farce ? Voltaire n'en comprit tout de suite que la moitié. Qui était Voltaire ? Le résultat de l'union d'un singe avec un perroquet. Un être parlant. Dans sa colère, il ne pénétra pas la deuxième partie de la farce. A son retour à Sans-Souci, le grand Frédéric la lui expliqua. Il lui dit :

— « Un être parlant, oui ; mais un être parlant qui ne parle que des fleurs. La chambre, le monde en étaient pleins ».

Et la colère de Voltaire fut vite passée.

Notre cicerone ouvrit alors le tiroir de la table placée au milieu de la chambre de Voltaire et nous dit :

— Regardez-donc, ces trois bouts de chandelles. Ils sont du temps de Voltaire et de Frédéric II et le sujet aussi d'une petite farce de ce dernier.

Voltaire était un peu souffrant et le médecin du palais lui avait défendu de lire pendant la nuit ; mais le philosophe français ne voulait pas obéir au docteur allemand. Frédéric II dit alors à Voltaire de tenir compte des ordres de son médecin, qui savait plus que lui. Voltaire refusa encore d'obéir et le roi Frédéric II le menaça alors de le contraindre par force.

— Par force, dit Voltaire, par force ? Personne ne m'empêchera de lire pendant la nuit, pas même le roi de Prusse.

— Nous verrons ça cette nuit, ajouta Frédéric II. On sait plus que vous.

Frédéric II proposa ensuite un pari que Voltaire eut la faute d'accepter.

Rentrant dans sa chambre, Voltaire s'aperçut qu'on avait ôté la chandelle de son chandelier.

— Tiens ! se dit Voltaire, c'est le roi qui a fait prendre ma chandelle pour m'empêcher de lire cette nuit dans mon lit comme j'ai l'habitude de le faire toujours. C'est inutile d'en demander une autre ; on ne m'en donnera plus !

Il rebroussa chemin et déroba ces trois bouts de chandelle d'un grand chandelier placé dans le couloir d'entrée du palais, en se disant :

— J'en aurai de la lumière et je pourrai lire cette nuit quand même.

Mais aussitôt que les trois bouts de chandelles furent dérobés, Frédéric II fut prévenu. Il ordonna incessamment de les chercher dans la chambre de Voltaire et on les trouva où vous les voyez.

Au moment de se coucher, Voltaire chercha en vain ses trois bouts de chandelles et il fut contraint de se mettre au lit sans lumière.

Frédéric II avait gagné le pari. Il savait plus que Voltaire.

Dans une autre chambre, près d'une fenêtre, on voit un grand fauteuil et assis sur ce fauteuil le roi Frédéric II. Fauteuil et roi sont en marbre blanc. Près de la même fenêtre, sur un fauteuil pareil, dont celui-ci en marbre, en est la copie, Frédéric II rendit son dernier soupir

— Voilà notre grand roi, nous dit notre cicerone. C'est Napoléon Ier, c'est Voltaire, c'est Jules César, c'est Alexandre le Grand. C'est le même corps, c'est la même face.

— Comment dites-vous ? Le corps et la face de

Frédéric II ressemblent au corps et à la face de
Napoléon Ier, de Voltaire, de Jules César et d'Alexandre le Grand, c'est-à-dire au corps et à la face de
tous les grands hommes du monde ?

— Mais, oui, monsieur. Allez dans un musée de
personnages célèbres, faites la comparaison et vous
trouverez la ressemblance.

— Cela peut passer pour Voltaire et Jules César ;
mais pour Napoléon Ier et Alexandre le Grand, je
n'en trouve pas.

— Vous n'en trouvez pas parce que Napoléon Ier
et Alexandre le Grand sont morts très jeunes. Si on
avait des statues de Napoléon Ier et d'Alexandre le
Grand à soixante ou soixante-dix ans, ils auraient
le corps et la face amaigris de Frédéric II, de Voltaire et de Jules César. Frédéric II vécut très longtemps ; mais pas assez pourtant.

— Je pense qu'il est mort à soixante-quatorze ans.

— Oui ; mais il aurait dû vivre encore. S'il avait
été vivant au temps de la Révolution française !...

— Qu'aurait-il fait ?

— Il l'aurait comprise. L'Europe monarchique ne
se serait pas rouée contre la France républicaine et
les républicains français n'auraient pas guillotiné
le roi Louis XVI.

— Croyez-vous ?

— Plus encore. Si Frédéric II avait monté sur le
trône de Prusse, au commencement du consulat de
Napoléon Bonaparte, il aurait été l'ami de Napoléon,
et peut-être ils auraient divisé l'Europe, chose que
Nopoléon Ier ne put pas faire à cause de cet empereur de Russie qu'on assassina si lâchement...

— Vous voulez dire Paul Ier ?

— Oui, le malheureux empereur Paul Ier. Napoléon proposa à l'empereur de Russie, Alexandre Ier, de se diviser l'Europe ; mais cet empereur était un fanatique imbécile.

A ce moment on sortait du palais de Sans-Souci et on voyait au loin le célèbre moulin.

— Voilà le moulin ! nous dit notre cicerone. Vous devez connaître son histoire. S'il n'y a pas de juges à Berlin ! Quelle belle riposte pour un roi et dite par un pauvre et vieux paysan !

— Pensez-vous que toute cette belle histoire ne soit pas une légende du temps de Frédéric II, ou l'invention d'un courtisan ?

— Oh, non ! C'est une histoire vraie. On ne sait pas certainement pourquoi Frédéric II eut dans la tête l'idée d'acheter le moulin. On dit que ça lui gênait la vue ; qu'il voulait le jeter par terre ; mais je pense plutôt qu'il ne voulait pas avoir de voisins. Il voulait être le seul propriétaire à Sans-Souci ; il ne voulait pas de personne dans les environs. Il voulait être là sans souci aucun. Le vieux paysan ne voulait pas non plus vendre sa propriété. Il voulait mourir où son vieux père était mort, où son fils était né ; il voulait garder l'héritage de ses parents.

— Et il le garda.

— Oui, il le garda. Il refusa le million que lui offrit le roi et quand Frédéric II le menaça de prendre son bien malgré lui, le vieux paysan trouva assez de forces pour lui dire à la face :

— Oui, s'il n'y avait pas de juges à Berlin !

Frédéric II, fort étonné, tendit sa main au vieux

paysan, charmé que sous son règne on crut à la justice et celui-ci ajouta alors :

— Vous l'aurez après ma mort.

Le roi philosophe et le vieux paysan restèrent amis et l'on dit que Frédéric II l'invita souvent à dîner quand il n'avait pas d'amis à sa table. Après la mort du meunier, Frédéric II acheta le moulin, mais ne le démolit pas. Il le légua à la nation comme un monument de sa gloire. La nation conserve le cadeau ; mais les juges de Berlin où sont-ils ?.... Je suis soldat et c'est pour cela que je peux vous dire qu'à Berlin il n'y a que des soldats... Quel malheur, quel grand malheur que Frédéric II soit mort !

— Savez vous le nom du meunier de Sans-Souci ?

— Il s'appelait *Herr Müller* (en français meunier).

— Comment Müller (meunier) ? Il était Müller (meunier) ; mais il s'appelait...

— Müller (meunier). Il était Müller de son état et s'appelait aussi Müller (meunier). Rien d'étonnant de cette coïncidence des noms patronimiques et de profession. C'est très courant en Allemagne. Vous trouverez chez nous très souvent des *Schneider* (tailleur) qui s'appellent *Schneider* ; des *Zimmermann* (charpentier), qui sont des charpentiers ; des *Schuhmacher* (cordonnier) de leur état.

— Oui, je comprends. Çà se rencontre aussi en France. Un boulanger peut s'appeler Boulanger.

— Boulanger ? Vous dites Boulanger ? N'est-ce pas le nom d'un général français qui finit par se tuer ? On parla beaucoup de lui en Allemagne comme d'un grand homme. On raconta que ce fut lui qui releva la crête du coq gaulois ; mais il n'était pas aussi grand que Frédéric II, je le crois bien. Oh ! celui-ci était bien grand et bien original. On lit dans l'histoire de Sans-Souci que pour punir le pauvre vieux meunier de n'avoir pas voulu lui vendre son moulin, Frédéric II lui faisait parler français pendant les repas au palais de Sans-Souci.

— Pensez-vous que parler français est une punition ?

— Pour un vieil Allemand, certainement. Ce n'était pas la même chose pour Frédéric II. Il aimait le français et ne voulait point parler allemand, Si Frédéric II avait été immortel, il aurait fait apprendre le français à tous les Allemands. Personne n'aurait plus parlé l'allemand et cette langue serait devenue un langue morte comme le latin.

— Pensez-vous ?

— Je le crois bien et ça aurait été un grand bonheur pour l'Allemagne. Tous les Allemands parlant français, oh ! quel bonheur pour notre pays !

— Et pourquoi croyez-vous que ce serait un bonheur pour votre pays si le français venait à être la langue de l'Allemagne ?

— Voilà le motif. Les Français ne sont ni plus instruits ni plus polis que les Allemands et cependant les Français ont la renommée d'être le peuple le plus courtois du monde et les Allemands celle d'être le peuple le plus grossier de l'univers et pourquoi ? Parce que le Français parle la langue de oui et nous, pour nous exprimer, ne faisons usage que de ce langage de *ja*, dont l'empereur Charles V avait l'habitude de dire que c'était la langue des chevaux.

— Vous aimez donc le Français ?

— Mais, oui, Monsieur. J'aime les Français et la France aussi.

— Cependant vous êtes allé à la guerre contre la France.

— Oh, non! Je suis allé à la guerre contre le Danemark et contre l'Autriche ; mais je ne suis pas allé à la guerre contre la France. Je suis resté en Allemagne. Cette guerre contre la France a été un grand malheur !

— Oui, un grand malheur pour la France ; mais pas pour l'Allemagne. L'empire allemand est très florissant. On voit du commerce, des industries partout.

— C'est bien vrai ; mais toute cette prospérité n'est pas faite, n'est pas l'œuvre des Allemands.

— De qui donc ?

— Des Américains.

— Des Américains ? Que voulez-vous dire ?

— Des Américains, des fils d'Allemands. Vous devez savoir que les Etats-Unis sont pleins d'Allemands. Ceux-ci sont partis tout jeunes et bien pauvres. Ils ont gagné de l'argent en Amérique et voudraient bien retourner à leur patrie (Vaterland) ; mais, ils n'aiment pas le service militaire. Ne pouvant pas retourner en Allemagne sans faire ce service, malgré leur condition de citoyens américains, ils envoient leurs fils visiter la mère-patrie. Eh bien, ce sont ces Américains, ces fils d'Allemands qui font le grand commerce, qui sont les grands industriels chez nous.

— Comment, monsieur Krupp, le grand fabricant de canons, MM. Siemens et Halske, les grands entrepreneurs de chemins de fer électriques à Berlin, sont-ils des Américains ?

— Oui, ce sont des Américains.

— Et Wertheim et Hertzog et Israël et Jandorff et Gerson avec leurs grands magasins, sont-ils aussi des Américains?

— Oui, ce sont aussi des Américains, des fils d'Allemands. Ce sont des exceptions. Le commerce allemand est fait en grande partie par des juifs polonais, dans ces innombrables petites boutiques que vous trouvez dans toute l'Allemagne.

— Je croyais que ces grands industriels, que ces grands commerçants, c'étaient des Allemands.

— Oh, non ! Les Allemands ne sont que des soldats. Nous ne sommes bons que pour faire apprendre le métier de soldat, chez nous comme au dehors. Que viennent apprendre les Turcs chez nous ? C'est le métier de soldat. Qu'est-ce que le prince Henri de Prusse est allé apprendre aux Chinois ? La même chose, le métier de soldat.

De retour à Berlin, quelques jours après ma première visite à Postdam. j'entends jouer un orgue de Barbarie dans la cour de la maison. C'était de la musique populaire à Berlin *Das Bincnhaus* (La Ruche), *Die Kleine Frau* (La petite femme), *Die Taube* (La Colombe), *Wir wollen nach Pankow gehen* (Nous voulons aller à Pankow), etc., etc. Je ne fis pas attention ; mais mes enfants viennent me dire que c'est un vieux militaire qui fait chanter l'orgue.

C'est défendu de jouer des orgues de Barbarie dans les rues de Berlin et dans les cours des maisons aussi ; mais on ne tient pas compte de cette dernière disposition. Je n'étais donc pas surpris d'entendre la musique; mais je l'étais en ce qui concernait le militaire...

Je regarde par la fenêtre et je trouve que mes enfants ont vu juste. C'est un soldat allemand ayant trois décorations sur sa poitrine qui fait jouer un orgue de Barbarie dans la cour de la maison.

De toutes les fenêtres on lui jette des *groschen* (pièces de nickel de 10 pfennigs, 12 1/2 c.) enveloppés dans des morceaux de papier. Le vieux soldat manchot les ramasse, déchire le papier avec ses dents et garde les monnaies dans sa poche. Il est rayonnant.

Après avoir écouté sa musique, je fais monter le musicien et l'interroge. Un peu de *weissbier* (de la bière blanche), le fait causer.

— Dites donc, brave musicien, pourquoi êtes-vous habillé en soldat? Est-ce que vous êtes travesti?

— *Nein, mein Herr* (Non, mon seigneur) je ne suis pas travesti, répond le brave soldat. J'ai le droit de porter l'uniforme. Voyez mes trois décorations. Je les ai gagnées pour avoir pris part à nos trois dernières guerres. Devant Metz, j'ai perdu mon bras gauche.

— Il fallait mettre un autre bras artificiel à sa place. Le gouvernement impérial allemand est fort riche pour vous payer votre faux bras.

— Oh! oh! oh! fit le soldat musicien. Et comment gagner sa vie après? A ma sortie de l'hôpital, j'ai demandé pour toute récompense la permission de porter toujours l'uniforme militaire. Habillé en soldat, j'ai appris à jouer de l'orgue à la caserne,

Habillé en soldat, je gagne ma vie jouant de l'orgue partout.

— Comment vous avez appris à jouer de l'orgue à la caserne ?

— Mais oui, monseigneur, on apprend ça à la caserne.

A la caserne ! Donc ce colonnel Houlsbonn, à Postdam, a mis un peu d'exagération dans ses renseignements. Les Allemands sont bons pour faire apprendre quelque chose de plus que le métier de soldat et cette chose c'est de jouer de l'orgue de Barbarie. Le métier s'apprend à la caserne.

CHAPITRE XII

LE RETOUR — LA COMMISSION DE RÉFORME DE COLO-
GNE — LES DERNIERS RENSEIGNEMENTS PUISÉS
EN ALLEMAGNE — PLUS D'ALLEMAND. — ICI ON
PARLE FRANÇAIS — EN TERRE DE BELGIQUE —
LE PRINCE VICTOR NAPOLÉON A L'AVENUE LOUISE.

Uf ! C'était assez. J'avais mal aux oreilles. Trois
ans s'étaient écoulés pendant lesquels je n'entendais
que des *nicht, garnicht, ansicht, gesicht, gedichtnicht* et
toujours *ich*.

Arrivé à Cologne après avoir parcouru l'Allemagne pendant trois années, j'étais tout prêt pour passer le Rhin et rentrer en terre française, quand
M. Körpernicht, le propriétaire de l'hôtel où j'étais
descendu, vint me prévenir que j'avais oublié une
formalité.

J'ai pensé tout d'abord que le propriétaire de l'hôtel voulait parler de quelque bordereau blanc ou vert
à remplir pour le bureau de police de son quartier ;
mais pour être sûr de ce qu'il voulait dire, j'interro-
geai mon hôte en lui disant :

— De quoi s'agit-il. Monsieur Körpernicht, s'il vous
plaît ?

— Vous allez en France, me répondit-il, et avant
de passer le Rhin vous devez vous présenter devant
la commission de réforme sinon on vous arrêtera à
la gare du chemin de fer.

— De quelle commission de réforme parlez-vous, Monsieur Körpernicht ?

— Ne savez-vous pas que tous les Allemands avant de passer le Rhin pour rentrer en France doivent se présenter devant la commission de réforme ?

— Mais, je ne suis pas Allemand...

— Alors, pardon Monsieur ; mais votre accent, votre connaissance de la langue allemande et des choses de notre pays... Volontiers, vous pouvez passer pour un véritable Allemand...

— C'est que j'ai appris l'allemand tout jeune...

— Ici en Allemagne ?

— Non, à New-York, où on parle l'allemand comme à Berlin.

— Et trouvez-vous qu'à Berlin on parle un bon allemand ? Le bon allemand on ne le parle qu'à Cologne.

— A mon arrivée à Hambourg on m'a dit qu'à Berlin on ne parle que le patois berlinois ; mais à Berlin on m'a dit la même chose de Hambourg ; c'est-à-dire que dans cette dernière ville on ne parle que le patois hambourgeois.

Le propriétaire de mon hôtel se mit à rire et après qu'il eut ri longtemps, il me dit :

— Oui, c'est vrai. Le véritable allemand on ne le trouve que dans les livres ou dans les journaux, c'est-à-dire dans l'allemand écrit. Pour l'allemand parlé, c'est le patois partout, chaque partie de l'empire ayant son patois à elle.

— Mais revenons à la commission de réforme dont vous m'avez parlé. Qu'est-ce que cette commission ?

— Alors vous ne savez rien ? Eh bien, je vais vous

renseigner. C'est une commission établie par ordre
de notre Empereur Guillaume II depuis qu'il est
monté sur le trône de ses aïeuls et qui siège en per-
manence à Cologne. Tout Allemand qui passe le
Rhin pour rentrer en France doit se présenter devant
cette commission comme je vous ai déjà dit, pour
subir un examen. Si après l'examen la commission
trouve que l'Allemand qui veut aller en France est un
sot ou qu'il n'est pas assez intelligent, on l'arrête et
on le renvoie chez lui; mais si au contraire, le voya-
geur est un homme qui hors de son pays fait honneur à l'Allemagne, on le laisse passer. Vous allez
maintenant à Paris ; vous rencontrerez là-bas beaucoup d'Allemands : mais ce ne seront pas de sots.
Les Français sont surpris de ce fait, qu'ils n'ont
jamais affaire qu'à des Allemands fort intelligents
sans pouvoir s'en expliquer la cause. C'est que peu
de personnes connaissent l'existence de la commission de réforme de Cologne.

— C'est très bien tout ce que vous me racontez ;
mais on peut aller d'Allemagne en France sans passer
par Cologne, prenant le bateau par exemple à Hambourg pour débarquer au Havre.

— Pas possible, Monsieur. C'est défendu par notre
Empereur. Les bateaux de Hambourg pour le Havre
ne prennent pas de passagers allemands.

Pour aller en France, tout Allemand doit passer
par Cologne, et se présenter à la commission de
réforme.

— Eh bien, M. Körpernicht, puisque je ne suis
pas allemand et que je n'ai rien à faire avec votre
commission de réforme de Cologne...

— Oh ! ne vous inquiétez pas, vous n'avez qu'à présenter votre passeport à la gare et on vous laissera passer sans vous dire un mot. Vous rentrerez bientôt en France ; mais vous regretterez beaucoup de laisser l'Allemagne.

— Et pourquoi s'il vous plaît ?

— Car vous ne trouverez pas en France la propreté le confort, allemand. En France tout va vous apparaître sale, dégoutant et surtout vous dépenserez beaucoup plus d'argent à Paris qu'à Berlin.

— On m'a dit la même chose à Hambourg et cependant j'ai trouvé la vie meilleur marché à Berlin qu'à Hambourg.

— C'est possible ; mais vous savez pourquoi le commerce allemand l'emporte sur le commerce français ? C'est que nous avons pris exemple sur l'Angleterre. La vie à bon marché pour l'ouvrier. Le beurre et le pain, le logement et l'habillement à bon marché pour l'ouvrier, voilà le secret de la prospérité allemande.

— Mais je ne suis pas un ouvrier...

— Je le vois bien, mais dans le pays où l'ouvrier ne vit pas à bon marché, la vie pour les bourgeois devient énormément chère et l'ouvrier en France ne vit pas à bon marché. Vous trouverez à Paris, par exemple, que le pain, le beurre, le lait, le sucre, la viande, la bière et tous les articles de première nécessité, coûtent le double qu'à Berlin. Par ce fait. le salaire de l'ouvrier français est plus élevé que celui de l'ouvrier allemand. La production allemande revient pourtant à meilleur marché que la production française. Ce qui fait que notre commerce augmente constamment et que celui de la France diminue chaque jour. Cependant, il est temps pour vous de quitter l'Allemagne.

— Pourquoi s'il vous plaît ?

— Car vous êtes étranger et vous n'avez rien à faire dans les événements qui se préparent.

— Quels événements ? Que voulez-vous dire ?

— L'Allemagne se trouve aujourd'hui dans un état de grande prospérité ; mais le socialisme grandit dans tout l'empire de façon alarmante et l'aristocratie de Berlin pour parer à cet élément envahisseur prépare des événements redoutables. L'empereur d'Autriche est vieux, la mort l'attend et après son décès, l'esprit prussien, l'esprit qui a fait le nouvel empire allemand, effectuera la dissolution de la monarchie austro-hongroise. Ce sera un fait accompli bientôt et ce fait ne s'accomplira pas sans de grands événements guerriers. La partie allemande de la monarchie austro-hongroise viendra former partie de l'empire allemand.

— Mais cette partie allemande de la monarchie austro-hongroise est catholique et à Berlin on ne veut plus de catholiques.

— Vous vous trompez. L'esprit prussien veut la réintégration de tous les peuples allemands dans l'hégémonie prussienne. Qu'ils soient catholiques ou protestants, peu importe. A Berlin on trouve toujours moyen de s'arranger avec les catholiques. De l'argent, des croix, des honneurs, cela suffit.

— Parfaitement ; j'en conviens avec vous. Vous les Allemands ou vous les Prussiens, vous poursuivez l'œuvre de l'agglomération allemande ; mais pour être juste, vous devez faire sortir de l'empire allemand tous les pays qui ne sont pas allemands.

— Ah, non, Monsieur, ce n'est pas possible. A Berlin on veut la germanisation de toute l'Europe centrale. Le centre de l'Europe doit être allemand.

— Et l'Empereur Guillaume II est-il d'accord avec cette politique ?

— Complètement d'accord. Notre bien aimé Empereur est fort intelligent, mais trop absorbant. Il ne veut pas de partis dans notre pays ; il pense que seulement il sait tout et que le peuple allemand doit marcher comme un seul homme derrière lui.

— Avez-vous des motifs pour vous exprimer de cette façon ?

— Certainement. C'est le même Empereur qui nous a dit dans un de ces fréquents discours :

« La patrie allemande consume encore trop ses forces en de stériles divisions.

L'intelligence des questions qui agitent le monde n'accomplit que de lents progrès parmi le peuple allemand.

Il faut absolument que le peuple allemand renonce à ses divisions, à l'esprit de parti et marche comme un seul homme derrière son Empereur ».

A ce moment mon colloque avec M. Körpernicht prit fin. Un des garçons de l'hôtel vint nous prévenir qu'il était temps de partir si nous ne voulions pas manquer le train pour Bruxelles.

Je dis adieu à mon loquace hôtelier et celui-ci au moment du départ m'adressa ces dernières paroles.

— Au revoir Monsieur. Rappelez-vous de ce que je vous ai dit. Vous regretterez Berlin, car vous pen-

sez aller dans la *Ville Lumière* et vous n'arriverez
que dans la *Ville en arrière.*

Ce dernier est le nom que beaucoup d'Allemands
par plaisanterie donnent à la ville de Paris.

Nous sommes en route. Nous quittons l'Allemagne
pour rentrer en Belgique.

Il faisait un temps superbe. Les fenêtres de notre
wagon-lit étaient ouvertes et le train s'arrête à une
petite station. Sans nous inquiéter du chemin parcouru et ne faisant pas attention à l'endroit où nous
sommes arrivés, nous voyons une tête d'homme qui
pénétra par la fenêtre ouverte et qui nous dit en très
bon français.

— Les billets, messieurs, s'il vous plaît.

— Comment. dis je, à l'employé chargé de la
réquisition des billets, on ne parle plus allemand ?

— Non. monsieur, reprend l'employé, c'est fini. *Ici
on parle français.*

Nous étions en Belgique ; en terre française où l'on
parle français. Quel bonheur ! La Belgique ne forme
pas encore partie de la République Française ; mais
c'est de la terre française. C'est de la France *irredenta.*

Je ne doute pas que le fait s'accomplira quelque
jour, car pendant mon court séjour à Bruxelles, j'ai
demandé plusieurs fois à M. le Brave Belge s'il y a
grande différence entre le peuple français et le peuple belge et presque toujours on m'a dit pour toute
réponse.

— La seule différence qui existe entre le peuple
belge et le peuple français, c'est qu'en Belgique nous
chantons :

> Mère Gaspard, si la patrouille vient,
> Tu nous mettras dans un tonneau de bière.

Et qu'en France on chante :

> Mère Michel, si la patrouille vient,
> Tu nous mettras dans un tonneau de vin.

C'est-à-dire qu'en France on boit du vin et en Belgique nous buvons de la bière ; mais le jour où les deux pays ne formeront qu'une seule république, nous chanterons ensemble :

> Mère Gaspard, si la patrouille vient,
> Tu nous mettras dans un tonneau de bière.
> Mère Michel, si la patrouille vient,
> Tu nous mettras dans un tonneau de vin. !...

Vous voyez que ça fait un tout complet.

Quelques heures après nous arrivâmes à Bruxelles, la ville du *pourboire*. Le pourboire est le meilleur sol à cultiver partout le continent européen ; mais Bruxelles est la ville du pourboire par excellence.

A notre descente du train, je regarde l'horloge de la gare dont le cadran portant la numération I à XII et 13 à 24, marque 10 heures du matin. Ma montre marquait au même moment 11 heures.

Un jeune homme en uniforme, que je prends pour un employé, s'approche de nous et nous salue. Je profite de sa politesse pour lui dire.

— Dites-donc, monsieur, comment se fait-il que l'horloge de votre gare marque 10 heures du matin et que ma montre marque 11 heures ? Votre horloge retarde ou ma montre avance ?

— C'est monsieur, répond le jeune homme en uniforme, que votre montre marque l'heure d'Allemagne et l'horloge de la gare marque l'heure de Belgique. Ça fait juste soixante minutes de différence.

Tout à fait satisfait de cette explication que je trouve juste, je remércie le jeune homme en uniforme et je continu mon chemin, mais il m'arrête avec ces paroles :

— Un franc, monsieur, s'il vous plaît.

— Un franc et pourquoi faire ? dis-je au jeune homme en uniforme.

— C'est mon pourboire.

— Votre pourboire ? Que voulez-vous dire ? Qui êtes-vous ?

— Je suis un fonctionnaire de la très honorable corporation des cicéroni de Bruxelles. J'ai payé ma place deux mille francs comme cicérone à la gare. Vous m'avez demandé un renseignement ; je vous l'ai donné ; vous me devez un franc.

— Mais je vous ai pris pour un des concierges, pour un employé de la gare.

— Vous vous êtes trompé, monsieur.

— Alors je vous dois un franc. Et bien je n'ai pas avec moi de monnaie blanche ; je n'ai que de l'or allemand. Changez-moi ce Guillaume, ça vaut vingt-cinq francs.

— Vingt-cinq francs ! C'est bien en Allemagne. Ici nous ne prenons votre Guillaume que pour vingt-quatre francs.

— Mais c'est un Guillaume tout neuf ; il a tout son poids.

— Ça ne fait rien. La différence est à cause du pays. Le vrai Guillaume dont cette monnaie porte l'effigie, ne vaut pas chez nous ce qu'il vaut chez lui. Chez lui il est empereur. Chez nous il est rien du tout.

Peu satisfait de l'argument, je dus néanmoins changer un de mes Guillaumes pour vingt-quatre francs et donner un franc à mon cicérone, mais à la condition de me fournir encore un autre renseignement.

Je voyais dans la gare beaucoup de monde dont la plupart marchaient très vite et après avoir fait quelques pas s'arrêtaient tout d'un coup. Voulant savoir l'objet de ces promenades et de ces arrêts brusques, je priai mon cicérone de m'en dire le motif. Voilà sa réponse.

— Je vois bien que c'est la première fois que vous venez en Belgique, me dit le jeune homme en uniforme. Ici tout le monde doit travailler toujours et celui qui ne travaille pas doit faire mine de travailler. On marche, on s'arrête et on marche et on s'arrête car on ne peut toujours marcher. Ce que vous voyez à la gare, vous le verrez bientôt par toute la ville.

Si vous allez à Bruxelles, vous trouverez que mon cicérone n'exagère pas.

Nous sommes arrivés à la capitale de la Belgique, trois jours après l'attentat du jeune Sipido contre le prince de Galles et l'excitation produite par ce coup manqué était encore grande.

A l'hôtel, plein d'Anglais, on parlait toujours de ce méfait.

Un colonel écossais avait une forte blessure à la main gauche. Dans un café, un consommateur avait approuvé l'acte du jeune Sipido. Le colonel écossais le souffletta ; mais mal lui en prit. Tous les consommateurs se ruèrent sur lui et sans l'intervention de la police, l'auraient écharpé.

Une grande dame anglaise avec une énorme perruque blanche, qui se plaisait à raconter être la petite-fille d'un colonel anglais, un héros qui avait pris part à la bataille de Warteloo, disait à chaque moment.

— On ne peut plus aller dans aucun café. Aujourd'hui, un petit garçon attablé près de moi, me regardant dans les yeux, m'a crié plusieurs fois sur différents tons :

— Madame, ce sont les Hollandais qui gagnent ! Ce sont les Hollandais qui gagnent !! Ce sont les Hollandais qui gagnent !!! !

Je m'étais vu forcée de sortir du café pour ne pas le souffleter.

— Et que dites-vous, madame, ajoute une jeune Anglaise, mince comme un fil de fer, aujourd'hui dans le Boulevard du Régent, un soldat belge m'a pris par le bras et m'a dit à l'oreille :

— Mademoiselle, il faut manger des pommes de terre pour engraisser. Certainement il nous faut déguerpir de la Belgique.

Le propriétaire de l'hôtel n'aime pas ces derniers mots. Il nous dit que si les Anglais quittent la Belgique, il lui faudra fermer son hôtel. L'Anglais, c'est le peuple qui voyage et fait vivre les hôteliers.

Bruxelles jouit de la renommée d'être un petit Paris. Je ne vous dirais pas que non ; mais à Bruxelles on prétend qu'il manque à Paris quelque chose que l'on ne voit que dans la capitale de la Belgique. C'est le MANNEKEN PISS ou le *Petit garçon qui pisse* :

Celui qui visite Bruxelles et ne voit pas le *Manne-*

ken Piss, n'a pas été dans la capitale de la Belgique ;
le *Manneken Piss* n'est qu'une petite fontaine ; mais
le petit garçon fait de l'eau toujours, et du vin rouge
le jour de l'anniversaire de l'indépendance de la Belgique.

Fera-t-il du vin de champagne le jour de l'incorporation de la Belgique à la République Française ?

Cette fontaine a une légende.

Un vieux comte flamand avait pour tout héritier
un petit garçon de quatre ans.

Un jour ce petit garçon disparut de la maison
paternelle et il resta égaré pendant quelque temps.

Un serviteur du vieux comte le retrouva après
maintes recherches, complètement nu et faisant de
l'eau au coin d'une rue.

Son vieux père enchanté de la trouvaille, fit bâtir
a fontaine pour perpétuer ce fait, accordant un
bénéfice au peuple de Bruxelles. C'est la légende.

Ayant vu le *Manneken Piss*. c'est-à-dire ayant vu
tout Bruxelles et avant de partir pour Paris, je voulus
aller à l'avenue Louise voir un prétendant. Un prétendant est un personnage qui ne se voit ni dans
toutes les villes ni dans tous les pays. C'est un personnage rare.

Le jour suivant de mon arrivée à Bruxelles, à onze
heures du matin, je me présentais chez le prince
Victor Napoléon. Après avoir sonné, un valet vint
ouvrir la porte et je lui passai ma carte.

— Le prince Victor est chez lui, me dit-il ; mais il
y a longtemps qu'il cause avec un monsieur. Si vous
voulez attendre...

Le valet m'introduit dans un petit salon et j'attendis environ un quart d'heure en regardant les meubles et les tableaux.

Le sommeil me prenait déjà, quand la porte du petit salon s'ouvre et une personne me dit.

— Je vous demande pardon, monsieur le Comte, de vous avoir fait attendre si longtemps...

— Vous vous trompez, monsieur, dis-je interrompant la personne qui me parlait, je ne porte pas le titre de comte.

— Comment, n'êtes vous pas le comte Benedetti, le fils du feu comte Benedetti ?

— Non, monsieur, et ce n'est pas la première fois qu'on me prend pour lui, chose que je regrette beaucoup. Savez-vous que mes fournisseurs majorent toujours leurs additions de quelques francs en me donnant le titre de comte ?

— Et bien, que vous portiez le titre de comte ou non, je vous demande pardon de vous avoir fait attendre si longtemps.

— Je crois avoir l'honneur de parler à monsieur le Prince Victor Napoléon. On reconnaît une personne d'après sa photographie.

— Oui, monsieur et comme prince et comme Français bien élevé je ne veux jamais faire attendre personne ; mais un compatriote est venu me voir...

— Pour vous renseigner sur la situation du gouvernement en France, pour causer politique...

— Oh, non, c'est une autre affaire. La personne qui est venue me voir avant que vous ne soyez arrivé, ne fait que des romans, des poèmes, de la littérature. Il est venu pour me demander de faire les frais d'édition d'un million, d'exemplaires d'un roman-poème, moitié en prose et moitié en vers et j'ai dû écouter la lecture du plan de son livre...

— Pendant longtemps?

— Pendant une demi-heure et je l'ai écouté parce que j'ai de la patience et n'aime pas à éconduire personne.

— Peut-être vous racontait-il une histoire amusante ?

— Oh, non ! Pas du tout. C'était une histoire sanglante de boucherie, de batailles d'un carnage abominable. Le roman-poème nous fait connaître d'abord l'Etat insupportable de l'Europe depuis la néfaste guerre que nous imposa la Prusse en 1870, état de paix armée qui nous conduit à la banqueroute générale. La guerre éclate soudainement. C'est l'Angleterre qui pousse les grandes puissances de l'Europe continentale à se battre pendant qu'elle pacifie les Boers du Sud de l'Afrique, qui s'insurgent à chaque moment.

Les armées de l'Autriche-Hongrie et de l'Italie envahissent la France. Les soldats allemands de l'empereur Guillaume II livrent d'interminables batailles aux russes ; mais l'empereur Nicolas II envoie toute sa cavalerie au secours de la France.

C'est mon frère, le prince Louis Napoléon Bonaparte qui vient à la tête des escadrons russes ; il bat les Austro-Hongrois et les Italiens et lève le siège de Paris où il entre triomphant.

Les Russes ont battu aussi les Allemands ; la paix se fait et l'Alsace-Lorraine est une autre fois rendue à la France.

Une forte réaction se produit en France. Mon frère

Louis est porté en triomphe, proclamé empereur par le peuple enthousiasmé ; mais il n'accepte pas. Il dit que l'empereur est son frère Victor Napoléon. Alors le congrès réuni à Versailles m'acclama empereur des Français et mon frère ne retient que le titre et le commandement de généralissime des armées de la République Française, car la France resta une République avec un Empereur pour chef et pas de noblesse.

— C'est la fin ?

— Pas encore. C'est le poème. Voyez maintenant le roman. Il y a une double histoire d'amours. Mon frère se marie avec une Grande-Duchesse russe, qui lui donne des héritiers ; héritiers de l'empire français.

— Et vous, ne vous mariez pas ?

— L'auteur du roman-poème me condamna au célibat. Il ne me marie pas.

— Il ne vous donne pas de femme ?

— Je n'ai pas voulu accepter d'être célibataire et j'ai renvoyé l'auteur du roman-poème pour faire des corrections. C'est le prétexte pour me débarrasser de lui. Vous comprenez que je ne puis accepter le plan de ce roman poème. Je ne désire pas la guerre. Nos ennemis ont toujours dit en France et hors de France que les Napoléon aiment la guerre. C'est le contraire. Le grand Napoléon ne fit que défendre la France et quand il fut vaincu par l'Europe coalisée, ce ne fut pas lui qui tomba, ce fut la Révolution française qu'on anéantit. Pour la guerre de 1870-71 vous savez que ce fut Bismarck qui nous força la main falsifiant la dépêche d'Ems.

— C'est très bien, monsieur ; mais je crois que c'est temps de prendre congé. Je dois partir bientôt pour la France et je crains d'être importun.

— Non, monsieur, vous pouvez rester chez moi tout le temps que vous voudrez. Vous portez un nom très sympathique aux Napoléon.

— Merci, monsieur, je dois partir. Avez-vous quelque chose à dire à la France, au peuple français ?

— Rien que je n'ai déjà dit ; mais vous pouvez répéter là-bas mes dernières paroles :

« Je n'ai jamais voulu troubler mon pays, ni par des paroles sans portée ni par des vaines démonstrations.

J'attends et j'espère. Dans ces paroles se trouve toute la sagesse humaine ».

FIN

TABLE DES MATIÈRES